▼ 幼儿园区域活动材料丛书

广东省教育教学成果（基础教育类）一等奖
"幼儿个别化学习的'支架式'课程体系的研究与建设"成果之一

幼儿园生活区
材料设计与评价

王微丽　霍力岩　主编

中国轻工业出版社

图书在版编目(CIP)数据

幼儿园生活区材料设计与评价/王微丽,霍力岩主编.—北京:中国轻工业出版社,2018.9(2023.8重印)

(幼儿园区域活动材料丛书)

ISBN 978-7-5184-1951-7

Ⅰ.①幼… Ⅱ.①王… ②霍… Ⅲ.①活动课程－学前教育－教学参考资料 Ⅳ.①G613.7

中国版本图书馆CIP数据核字(2018)第089830号

保留所有权利。非经中国轻工业出版社"万千教育"书面授权,任何人不得以任何方式(包括但不限于电子、机械、手工或其他尚未被发明或应用的技术手段)复印、拍照、扫描、录音、朗读、存储、发表本书中任何部分或本书全部内容(包括但不限于光盘、音频、视频等)。中国轻工业出版社"万千教育"未授权任何机构提供源自本书内容的电子文件阅览、收听或下载服务。如有此类非法行为,查实必究。

责任编辑:吴 红

策划编辑:吴 红　　　　　　责任终审:杜文勇
责任校对:刘志颖　　　　　　责任监印:吴维斌

出版发行:中国轻工业出版社(北京东长安街6号,邮编:100740)

印　　刷:三河市双升印务有限公司

经　　销:各地新华书店

版　　次:2023年8月第1版第5次印刷

开　　本:710×1000　1/16　印张:16.25

字　　数:100千字

印　　数:12001—15000

书　　号:ISBN 978-7-5184-1951-7　定价:60.00元

读者热线:010-65181109,65262933

发行电话:010-85119832　传真:010-85113293

网　　址:http://www.chlip.com.cn　http://www.wqedu.com

电子信箱:1012305542@qq.com

如发现图书残缺请拨打读者热线联系调换

171232Y1X101ZBW

本 书 编 者

主　编：王微丽　霍力岩
副主编：刘　隼　何红漫　范　莉
编　者：王微丽　章　誉　何红漫　刘　隼
　　　　杨松青　姜　岩　曾立群

丛书序一

《幼儿园区域活动——环境创设与活动设计方法》一书出版以来,引起了幼教同行的积极反响。从全国各地来到深圳市莲花二村幼儿园参访的老师和一些读过这本书的老师常常会跟我说:"如果能系统地把你们区域活动的这些材料整理出来就好了!"实际上,多年来我们坚持不批量生产区域材料,就是希望每一份材料都有其独特性,无形中要求每位教师去发现孩子、理解孩子,让每份亲手制作的材料都蕴含教师对儿童的专业解读与引导,更好地支架儿童的适宜性发展。

近几年,我们力求用图文并茂的方式,直观地将孩子们很喜欢摆弄且富有教育内涵的"一份一份的材料",这些凝聚了老师们的教育智慧与辛勤劳动的儿童个别化学习材料,完整地记录并展示出来。这对于分享我们的课程研究成果,助力一线教师的专业发展,是一件很有意义的事情。

如今,展现在您面前的这套"幼儿园区域活动材料丛书",汇总了我们幼儿园经过十多年探索、实践和打磨的经典区域活动材料。对于每一份材料的组成部分、设计原理、使用方法和教育价值,我们都如数家珍,一一奉上。我们希望这套丛书,除了作为范例,还能引发教师对这种"支架儿童的个别化、主动学习"的区域材料的研发与拓展兴趣,从中更加明白如何提供给儿童最适宜的学习操作材料。欣喜之余,仿诗一首,聊表感恩——

新千年的钟声,敲响了课程起航的号角;
恰好那年,四名亲爱的老师,在炎热的盛夏,赴京学习蒙氏奥妙。

精巧深邃的智慧，点化消融成一份份的材料，
启迪我们，发现孩子童年秘密的通道——
要用智慧与爱，拨亮生命自信的光芒；
要让吸收性的心灵，拥抱爱与自由，绽放微笑。

追随着蒙氏的脚步，接触到世界的前沿；
扎根在深圳的土壤，我们敢为人先。
从蒙台梭利，到多元智能；
从《纲要》《指南》，到文化传承。
个别化学习，环境化教育；
丰富性、吸引性、层次性、引导性；
——这都是我们的理念。
打开这套凝聚理论智慧、实践经验的丛书，
一抹慧智，一捧童心，皆在玉壶。
但愿给你，有益的借鉴。

来自偶然，像一粒微小的尘土，
情归何处，用感恩浇灌漫漫长路。
感谢深圳市投资控股有限公司幼教管理中心的领导，为我们鸣锣开路、挡风遮雨；
感谢北京师范大学的霍力岩教授和您的学术团队，有您的指引，我们不至于迷失；
感谢香港大学的李辉教授，陕西师范大学的赵琳、刘华教授，时常前来指点迷津；
感谢我们莲花二村幼儿园所有的教职工，有你们的付出和智慧，才有今日的芬芳；
感谢一起走过的莲子宝贝和家长们，你们的喜爱和成长，是我们源源不

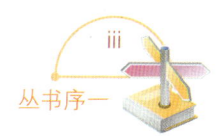

断的动力。

  感恩的心,感谢有你;

  花开花落,永远珍惜。

深圳市莲花二村幼儿园园长

王微丽

2017年9月

丛书序二

在我国，自20世纪80年代的幼儿园课程改革以来，区域活动成为幼儿园课程的主要组成部分。学前教育工作者从理论、模式、策略、材料等多个方面，对如何有效地开展区域活动，从而支持儿童的主动学习和全面发展进行了广泛与深入的探索。这些探索实际上受到了我国改革开放、社会变革、文化引入与融合等复杂而深刻的影响，其中最引人瞩目的，不外对世界范围内先进课程模式的模仿与借鉴。幼儿园区域活动作为一种"舶来品"，从文化历史学的分析来看，正是欧美文化对中国学前教育课程实践的形塑。最初涌入的这些区域活动类型主要包括蒙台梭利教学法中的个别化区域学习及操作，高宽课程中的室内学习区，以及方案教学中的个别或小组操作、实验等。在引入及学习这些课程模式的背后，进步主义、人本主义、认知建构主义、社会建构主义等欧美主导的心理学和教育学理论开始涌入我国教育界，尊重儿童的权利、强调儿童主体性的发挥，成为许多幼教界人士的共识。由观念转变深化到实践变革，幼儿园区域活动逐渐成为促进儿童主动学习和个别化学习，弥补传统集体教学活动不足的重要课程形式。

然而，从我国改革开放至今，学前教育界对区域活动的开展一直存在不同见解。在教学实践中，对于区域活动的环境布置、材料投放、开展过程以及支持策略，"仁者见仁，智者见智"。比如说，区域活动所提供的材料常常被划分为高结构、低结构、无结构（自由）等不同类型，而区域活动的开展过程也会有独立开展、两人合作、多人参与等不同形式。由于国家层面缺乏对幼儿园课程的明确指引，加上园本课程的"百花齐放"，渐渐地，区域活动的开展开始各自为政，没有标杆，区域活动的开展质量也存在良莠不齐的现象。如何有效地开展幼儿园区域活动，包括区域材料的设计与制作、区域环境的布置、对幼儿学习的支持、区域活动的评价，等等，成为一直萦绕在幼儿园一线教师（尤其是新手教师）心头的疑团。

实际上，幼儿园区域活动的开展，关键要素有四个：环境、材料、儿童和教师。实现良好的区域环境布置和材料投放，是区域活动中儿童主动学习及教师有效引导的前提。以苏联心理学家维果茨基为主要提出者的社会文化历史理论提出，环境与材料是实现教学主体（教师）与客体（儿童）之间有效关联的中介，是促进儿童实现有效学习的工具与内容。可以说，区域活动材料是开展幼儿园区域活动的突破口。但是，据我们观察，目前我国的很多幼儿园教师并不了解有效区域学习材料的制作与投放，更不清楚如何在区域活动中支持和评价幼儿的学习。幼儿园区域活动开展时的要素关联很难得到有效的建立，幼儿的主动学习和有效学习也得不到保障，关键经验得不到提升。

2000年，深圳市莲花二村幼儿园开始借鉴蒙台梭利教育法，既遵照蒙氏材料的丰富性、吸引性、层次性、引导性等关键原则，又根据中国儿童的发展特点和需要，立足于深圳市乃至中国的社会文化土壤，开发出了体系化的、丰富的、适合中国幼儿的区域活动材料。在长达17年的反复实践中，该幼儿园的教师团队不断学习新的课程理论与方法（包括高宽课程、多元智能理论等），对其园本区域活动进行了持续的优化。2014年，由该幼儿园的教师编写的《幼儿园区域活动——环境创设与活动设计方法》正式出版，对幼儿园区域活动的开展经验进行了全面的总结，从区域环境的创设、区域材料的投放、区域活动的组织、区域活动的评价等多个方面为幼儿园一线教师提供了一本理论扎实、操作性强的参考书。

在这本书的基础上，该幼儿园的教师团队为了进一步分享区域活动开展的经验，以幼儿园区域材料的设计与评价为侧重点编写了"幼儿园区域活动材料丛书"，对应《幼儿园教育指导纲要（试行）》（以下简称《纲要》）和《3—6岁儿童学习与发展指南》（以下简称《指南》）的要求，从数学区、语言区、科学区、社会区、艺术区、生活区等领域，完整地呈现了他们对幼儿园区域材料的研究与实践成果。该丛书既详细地阐述了关于区域活动的理论与方法，又通过大量真实的区域活动案例生动地介绍了不同区域的材料设计与评价，这对于广大幼儿园教师开展区域活动具有非常高的借鉴价值和很重要的指导作用。通过阅读这套丛书，我们能够更清楚地了解到，幼儿园教师应该如何设计、制作和投放区域材料，应该如何基于区域活动支持和引导幼儿的个别化学习、主动学习与探索，应该如何观察和评价区域活动中的幼儿。

北京师范大学教育学部学前教育研究所教授

霍力岩

2017 年 10 月

目录

丛书序一 i

丛书序二 v

第一章 解读生活区 / 1

第一节 生活区概述 3
一、生活区基本概念 3
二、生活区教育功能 4
三、关键经验及思维导图 8

第二节 生活区环境 10
一、生活区环境的特点 11
二、生活区物品的摆放 14
三、生活区中的标识 17

第三节 生活区材料 20
一、生活区材料特点 20
二、生活区材料投放 25
三、生活区材料预览 32

第二章　生活区材料案例 / 35

第一节　小班生活区 ... 37
  一、小班生活区材料设计思路 ... 37
  二、小班生活区材料导航 ... 38
  三、小班生活区材料案例 ... 38

第二节　中班生活区 ... 86
  一、中班生活区材料设计思路 ... 87
  二、中班生活区材料导航 ... 87
  三、中班生活区材料案例 ... 88

第三节　大班生活区 ... 137
  一、大班生活区材料设计思路 ... 138
  二、大班生活区材料导航 ... 138
  三、大班生活区材料案例 ... 139

第三章　教师对幼儿的支持 / 191

第一节　单次活动中教师的支持 ... 193
  一、小班案例分析 ... 193
  二、中班案例分析 ... 196
  三、大班案例分析 ... 198

第二节　生活区学习故事 ... 201
  一、教师记录方法 ... 202
  二、教师记录案例 ... 207

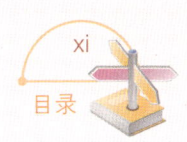

第四章　生活区活动评价 / 215

第一节　生活区材料评价方式 ································ 217
　　一、生活区材料的评价内容 ···························· 217
　　二、中班生活区材料评价表实例 ······················ 226

第二节　生活区幼儿活动评析方法 ························ 229
　　一、生活区幼儿活动评析方法 ························ 229
　　二、基于大、中、小班幼儿评价内容的分析 ········ 236

参考文献 ··· 239

后记 ··· 241

第一章
解读生活区

随着各种国外的优秀课程模式在幼教界的进一步传播和实施，实践中越来越多的幼儿教育工作者认识到，区域活动这一教学模式能够满足幼儿个别化学习的需要。中国幼儿教育界对于符合中国国情的区域教学模式的需求也在日益增长。为此，我们在2014年出版了《幼儿园区域活动——环境创设与活动设计方法》（中国轻工业出版社出版）一书，该书提到了区域活动在我国的发展背景，也提到了目前区域活动在中国的本土化和园本化的进程与变革。区域个别活动这一教学形式，打破了传统的空间布置格局，通过重视幼儿的自主活动，重视幼儿与环境、材料的相互作用等来满足处于不同发展水平的幼儿的需要，受到幼儿教育工作者的普遍重视，成为幼儿学习的一种主要方式。

"生活即教育"是陶行知先生教育思想的核心，生活是教育的源泉，教育根植于幼儿的一日生活。幼儿的认知发展特点，也决定了幼儿教育的内容应取之于幼儿生活，在他们已有水平的基础上进一步丰富他们的生活经验，提升他们应对生活的能力。因而，生活区在其中具有举足轻重的影响。

在开展区域活动中，教师通过与幼儿一起创设生活化的环境，提供落实幼儿生活区发展目标的材料，让幼儿在自由自主的氛围中，在生活场景的再现下，充分操作、探索，丰富生活经验，提升自理能力，养成积极的学习品质。因此，本章从生活区的基本内容、环境及材料三方面为读者呈现生活区创设过程中的各个要点。

第一节　生活区概述

幼儿园区域活动中的预备区域，是整个区域活动的准备和前提，是区域活动的重要组成部分。而生活区作为预备区域之一，更是各个区域的基础。[①] 教师应依据不同年龄幼儿的能力发展水平和需求，有目的地创造条件，循序渐进地发展幼儿的生活技能和基本动作，为日后全面开展其他区域活动做好准备。

一、生活区基本概念

《纲要》健康领域的目标第2点指出："生活、卫生习惯良好，有基本的生活自理能力。"

幼儿掌握了基本的生活技能，学会照顾自己，提高自理能力，有助于幼儿打好基本操作技能的基础，以便后续发展其他能力。生活区从幼儿的生活经验出发，提供真实的活动情境，设置丰富的、有趣味的活动材料，以此培养幼儿的基本动作、自我服务能力、照顾环境的能力等。生活区的材料操作可提高幼儿的日常生活技能，同时使幼儿养成良好的生活和卫生习惯。

在生活区材料中，涉及的主要内容包括基本动作、自我服务能力、照顾环境、生活礼仪四个方面。基本动作方面包括：走、坐、站立、搬运、放置等动作；手指配合的活动、手腕和手掌配合的活动，如倒、折、剪、切、捏、擦、卷等。自我服务能力方面包括：穿脱衣服、系纽扣、系鞋带、进行简单的编织活动、切水果、整理物品等。照顾环境方面包括：打扫、整理环境、

[①] 王微丽. 幼儿园区域活动——环境创设与活动设计方法［M］. 北京：中国轻工业出版社，2014.

擦桌椅等。生活礼仪方面包括：打招呼、问候、致谢、递交物品的规则养成等。

教师可以根据本班幼儿的实际发展情况，充分利用各种资源，自主开发丰富、适宜的生活区活动材料，并把生活区中的基本探索操作与幼儿的现实生活联系起来，培养幼儿良好的生活习惯和能力。

二、生活区教育功能

生活区的活动材料可以帮助幼儿基于兴趣从每日的基本操作中获得必要的生活技巧，形成独立的品格。教师根据幼儿这一年龄阶段的发展特点，围绕幼儿的基本动作发展情况、自我服务能力、照顾环境及生活礼仪方面创设区域环境、开发相关材料，使幼儿在不断的探索操作中强化这些能力。随着能力的提高，幼儿的责任感和自信心不断增强，对幼儿今后的生活将产生深远的影响。其主要功能有如下几点。

（一）促进幼儿的发展

生活区作为各区域的预备区，在区域的教育性功能中对幼儿的发展起着奠基作用，它能从以下几个方面促进幼儿的发展，为幼儿开展其他领域的探索打下良好的基础。

1. 幼儿掌握使用基本工具的知识与技能，并学会应对生活中的危险

在生活区的材料内容中，有许多涉及工具的材料，如"舀一舀"的材料、"夹包子"的材料、"缝与补"的材料等。幼儿在运用一份份材料的过程中，对工具的使用能力得到锻炼，教师在进区指导时也会帮助幼儿查找操作失败的原因，总结成功经验及其规律，这无形中也有助于幼儿获得工具使用方面的技能，为今后操作更复杂的工具打好基础。

再者，生活区的许多材料蕴含着知识目标，幼儿在操作的过程中能潜移默化地对其加深理解。如，"给鞋子分左右"的材料，有助于幼儿建立左右的概念；又如，玩水区（生活区子区域）"海绵吸水"的材料，有助于幼儿建立材料具有特定属性（如海绵具有吸水性）的概念。

此外，幼儿生活中常见的安全隐患情境也会在生活区有所呈现。如，一些有一定危险系数的工具（剪刀、针、线等），以及食品区（生活区子区域）材料中涉及的电器，都需要幼儿在使用时多加注意，这有助于幼儿积累一定的安全小知识，并为幼儿提供了更多的应对危险的机会。

2. 幼儿的日常生活技能得到全面锻炼，且能运用于一日生活中，有助于幼儿尽快地适应入园生活

所谓日常生活技能，指个体为了维持生存及适应生活环境而每天必须反复进行的、最基本的、最具共性的活动，即衣、食、住、行、个人卫生等基本活动。生活区的许多操作材料，如"叠毛巾"的材料、"给鞋子分左右"的材料、"给娃娃穿衣服"的材料等都有助于幼儿提升日常生活技能。这些技能在幼儿的一日生活及日后的生活中都随处可见，因此，生活区材料的操作探索有助于幼儿更快地适应当下的环境。

3. 有助于提升幼儿的生活自理能力及社交能力

幼儿的生活自理能力是指幼儿在生活中自己照料自己的行为能力。主要包括以下三个要素：①内容。在生活上能自己处理日常生活事务，如吃饭、穿衣、穿鞋袜、叠被子等。②方式。能独立完成、处理各项日常生活事务。③人际互动。具有社交能力，懂得与他人合作，能较快地融入集体。通过在生活区提供丰富的材料，使幼儿的多项技能得到锻炼，最终可实现其整体生活自理能力的提升。此外，生活区材料的另一项重要内容涉及社交礼仪，无论是基本材料操作的仪态、递交物品的规则养成，还是食品区分享环节的餐桌礼仪，生活区的这些材料都为幼儿提供了在观察、体验、操作中提升社交技能的机会，有助于促进幼儿社会性、人格化的发展。

4. 生活区的操作有助于增强幼儿的归属感和秩序感

生活区涉及的活动材料，与幼儿的现实生活紧密相连，这些熟悉的材料元素（如玩具娃娃、衣服、鞋子、勺子等）有利于幼儿建立与环境的联系，

放下对陌生环境的戒备心,增强归属感。此外,生活区的规范摆放与操作能有效地帮助幼儿增强秩序感,养成规范操作、取拿有序的良好行为习惯。

5. 有助于培养幼儿专注、持续的积极学习品质

生活区涉及的诸多材料的制作都需要幼儿非常专注才能够完成,例如,"穿线、珠""倒细沙(细口瓶)"等材料,这些深受幼儿喜爱的日常操作材料无形中强化了幼儿专注的学习品质。同时,大部分生活区材料(尤其是小班阶段),往往呈现出操作步骤较为简单、多重复的特点,如"舀一舀"和"夹包子"的材料等,有益的重复既使幼儿在反复操练中强化了相关技能的获得,又培养了幼儿专注的学习态度。再者,幼儿的操作大多不依赖教师,这意味着幼儿可以独立完成。幼儿在成功完成材料操作任务的喜悦中建立自信心,并迎接新的挑战。

(二)落实《纲要》和《指南》的精神

生活区的教育功能之二是通过设置生活区,将《纲要》和《指南》中提出的健康领域目标及要求,转化为具体的区域活动实施方案,全面落实《纲要》和《指南》的精神。我们在参照《纲要》和《指南》提出的健康领域教育目标的基础上制定了我园的生活区教育目标(见表1–1)。

表 1-1 《纲要》《指南》和我园在生活教育方面的目标对照表

《纲要》中的目标	《指南》中的目标	我园的目标
（一）目标 1. 身体健康，在集体生活中情绪安定、愉快； 2. 生活、卫生习惯良好，有基本的生活自理能力； 3. 知道必要的安全保健常识，学习保护自己； 4. 喜欢参加体育活动，动作协调、灵活。 （二）内容与要求 1. 建立良好的师生、同伴关系，让幼儿在集体生活中感到温暖，心情愉快，形成安全感、信赖感。 2. 与家长配合，根据幼儿的需要建立科学的生活常规。培养幼儿良好的饮食、睡眠、盥洗、排泄等生活习惯和生活自理能力。 3. 教育幼儿爱清洁、讲卫生，注意保持个人和生活场所的整洁和卫生。	（二）动作发展 **目标 3　手的动作灵活协调** 3—4 岁 2. 能熟练地用勺子吃饭。 4—5 岁 2. 会用筷子吃饭。 5—6 岁 2. 能熟练使用筷子。 4. 能使用简单的劳动工具或用具。 （三）生活习惯与生活能力 **目标 2　具有基本的生活自理能力** 3—4 岁 1. 在帮助下能穿脱衣服或鞋袜。 2. 能将玩具和图书放回原处。 4—5 岁 1. 能自己穿脱衣服、鞋袜、扣纽扣。 2. 能整理自己的物品。 5—6 岁 1. 能知道根据冷热增减衣服。	一、区域总目标 1. 喜欢操作材料，小肌肉发展良好，动作协调、灵活。 2. 生活、卫生习惯良好，有基本的生活自理能力。 3. 爱清洁、讲卫生，注意保持个人和生活场所的整洁和卫生。 4. 知道必要的安全保健常识，学会保护自己。 5. 养成良好的操作习惯，养成良好的日常生活社交礼仪，建立良好的师生、同伴关系。 二、各年龄段目标 3—4 岁 1. 初步培养良好的生活、卫生习惯。 2. 熟练使用勺子，发展手的动作。 3. 掌握捏、抓、舀、夹、串等基本动作。 4. 认识身体各部位的名称，知道其主要功能。 5. 在帮助下能穿脱衣服或鞋袜。 6. 初步了解应对意外事故及活动中的安全常识。 4—5 岁 1. 学习保持自己和周围环境的卫生，有初步的生活自理能力。

续表

《纲要》中的目标	《指南》中的目标	我园的目标
4.密切结合幼儿的生活进行安全、营养和保健教育，提高幼儿的自我保护意识和能力。 6.用幼儿感兴趣的方式发展基本动作，提高动作的协调性、灵活性。	2.会自己系鞋带。 3.能按类别整理好自己的物品。 **目标3 具备基本的安全知识和自我保护能力** 3—4岁 2.在提醒下能注意安全，不做危险的事。 4—5岁 2.认识常见的安全标志，能遵守安全规则。 5—6岁 2.能自觉遵守基本的安全规则和交通规则。	2.初步学习使用筷子，能操作简单的劳动工具或用具。 3.认识身体的主要器官及主要功能。 4.能自己穿脱衣服、鞋袜、扣纽扣。 5.了解应对意外事故及体育活动中的安全常识，懂得快乐有益于健康。 5—6岁 1.讲究个人和公共环境卫生，进一步培养良好的生活习惯和自理能力。 2.熟练使用筷子，参与力所能及的劳动。 3.认识身体的主要器官及主要功能。 4.学习躲避危险、应对意外事故和愉悦身心的最基本方法。

三、关键经验及思维导图

知其然还应知其所以然。在了解了幼儿生活区的发展目标后，为落实具体的区域教育内容，还需进一步理解幼儿在完成这些目标的过程中所积累的关键经验，这对幼儿的发展意义重大。

（一）关键经验

关键经验最初来自著名的认知发展课程——HIGH/SCOPE课程。它是该课程的一个核心概念。通过对幼儿的长期观察和与之互动，HIGH/SCOPE课程的研究者与实践者发现，关键经验在幼儿发展过程中是必不可少的[①]。经验是一个整体，具有多样性和复杂性，它是整体的、联系的、积累的、分层次分领域的。要提高教育的效率和质量，必须重点关注那些在整体经验中起重要作用的经验，这些经验被称为关键经验。[②]而关键经验的获得和发展有赖于幼儿主动操作物体，与他人交流。[③]在本书中，幼儿主动操作的物体正是生活区中的一份份材料，幼儿通过兴趣激发、自主选择、主动操作，从而获得如下的生活区关键经验：

- ◆ 养成良好的生活秩序感。
- ◆ 有基本的生活自理能力，知道自身的需求。
- ◆ 初步具备为他人服务的能力，享受劳动的快乐。
- ◆ 了解生活中的安全常识，懂得保护自己。
- ◆ 掌握基本的社交礼仪，能较快地融入并适应新环境。

（二）思维导图

基于生活区涉及的关键经验，我园将生活区材料的内容设置为基本动作、自我服务能力、照顾环境、生活礼仪等四个方面。这些内容紧密围绕各年龄段幼儿的发展要点，以幼儿一日生活中要运用的生活技能为中心，以培养幼儿的自我生活能力为核心，从易到难，从简到繁，递进式地开展生活区活动，提高幼儿的动手能力，激发幼儿"自己的事情自己做"的愿望。

---

① 徐小龙. HIGH/SCOPE学前课程模式近二十年的发展[J]. 学前教育研究，2001（4）.
② 叶平枝. 在幼儿教育课程改革背景下重新审视关键经验的意义、内涵与特征[J]. 学前教育研究，2008（11）.
③ 徐小龙. HIGH/SCOPE学前课程模式近二十年的发展[J]. 学前教育研究，2001（4）.

具体关系图呈现如下（见图1-1）：

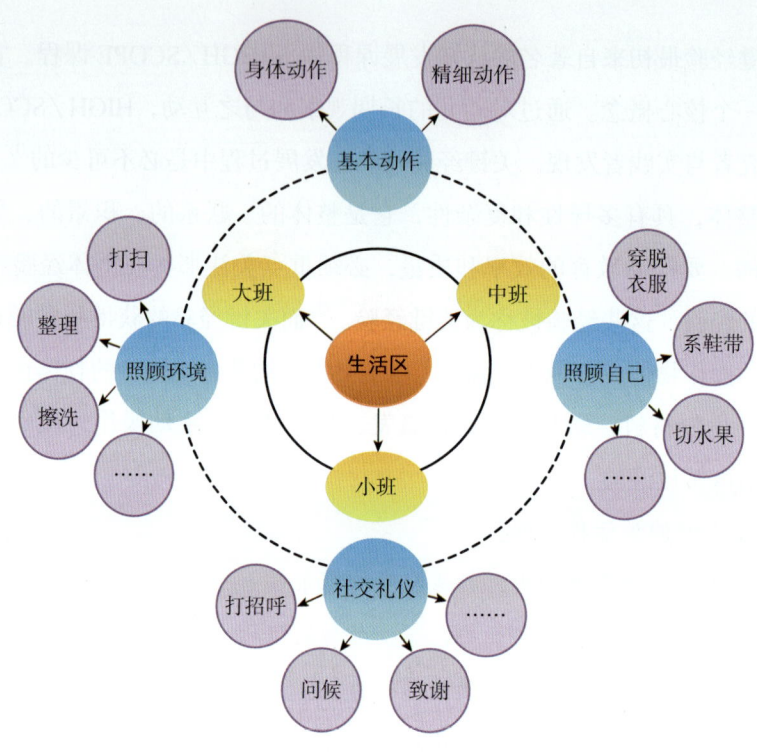

图1-1 生活区思维导图

第二节 生活区环境

幼儿园区域活动环境主要指教师为幼儿区域活动所提供的条件，包括区域空间、场地、设施、物品摆放等因素。《纲要》中指出："幼儿园应为幼儿提供健康、丰富的生活和活动环境，满足他们多方面发展的需要，使他们在快乐的童年生活中获得有益于身心发展的经验。"因此，教师应根据幼儿的年龄特征、发展需求及生活区特征等，合理安排适宜的生活区环境，为幼儿创设一个有准备的环境,从而使幼儿在生活区主动探索,获得关键经验,实现生活区的各项目标。

一、生活区环境的特点

教师应基于生活区特点及幼儿发展的特征,为幼儿营造一个适宜的生活区环境。由于生活区分区特点各异,教师应设置合理的分区位置;基于幼儿的发展需求,应开放适量的区域空间;还应设置标识控制人数,保障幼儿能充分地操作材料。因此,生活区环境应具备以下特点。

(一)分区特性各异,位置合理

生活区的材料种类丰富,因目标、内容、材料的不同,又可分为一般生活区、玩水区和食品区。每一个小分区都有其各自的特点及承担的功能,因此在设置相关区域时,应根据各分区的特点(如需要的设施),做到因地制宜。比如,玩水区涉及有水的诸多材料,应设置在靠近水源的地方(如盥洗室),同时要考虑到在幼儿的操作过程中可能会有水溢出、飞溅,因而玩水区应与其他区域有一定隔离,此外,相关的材料要放在便于幼儿取放的位置(见图1-2)。

食品区的材料涉及食材的加工等相关工具(如烤箱、锅等),因此应靠近水源、电源。此外,比起一般生活区,更要为幼儿提供安静的环境,以便幼儿专注地进行操作、探索。食品区会伴随幼儿的合作及分享,加之操作材料时食物散发的香味,有可能对其他区域产生一定的干扰,因此应注意将食品区安置在互动性较强的区域

图1-2 玩水区材料

（如玩水区、玩沙区等）附近，并通过闭合与围合的方式，尽可能实现区域之间的相对隔离。

综上所述，在选取生活区的位置时，若小分区对材料、设备有专门的需要，则应为其设置相对独立、专门的空间，以便幼儿摆放材料、进行操作，这样也能满足幼儿相互学习及互动交流的需要。为了保证各区域互不干扰，生活区的位置尽量不要与数学区、感官区等对环境的安静程度要求较高的区域为邻。

（二）区域空间材料适量、丰富

由于不同年龄幼儿的发展特点、学习能力等方面存在较大差异，因此教师针对不同年龄段的幼儿投放的材料也应有所差异。这些差异通过材料的投放量及投放内容来实现。从生活区环境创设的角度来看，材料的投放量在一定程度上影响着区域空间的开设范围。

小班幼儿刚进入幼儿园，需要一定的适应时间，且需要提升自理能力，从而有效推动幼儿园班级常规的建立，因此生活区的基本操作对小班幼儿来说显得极其重要。相对而言，小班阶段的生活区开放的空间应更大，投放的材料应更为丰富（见图1-3）。此外，刚进入幼儿园生活的小班幼儿，对幼儿园的其他区域及材料操作也较为陌生，生活区涉及的许多精细动作的基本操作为其他区域做了更好的经验准备。例如，生活区材料"一分二的舀"有助于幼儿建立数的分解概念，为数学区的部分发展目标积累初步的概念经验；生活区材料"投牙签"有助于幼儿手眼协调能力及手指小肌肉动作能力的发展，这可以为幼儿日后握笔书写、绘画积累经验；生活区材料"海绵吸水"让幼儿在操作中感受不同材料的属性，从而积累关于吸水性、质量守恒等一些科学知识的经验。

图1-3 小班生活区

随着在小班时能力的不断培养，

幼儿进入中、大班以后，参加区域活动的经验逐渐丰富起来，生活区许多涉及基本操作的材料将难以满足大部分中、大班幼儿的发展需求。此时，从发展内容全面、多元的角度出发，应适当减少生活区空间所占的比重及材料的投放量，出于区域整体观的考虑，逐渐侧重于其他区域材料的投放，以支撑幼儿的全面发展（见图1-4）。

图1-4　中班生活区

此外，从难度、操作的综合性等角度出发，食品区能很好地支持幼儿更高层次的发展，落实生活区的发展目标，使幼儿将多个操作步骤结合起来，同时通过进餐与食物分享，让幼儿感受社交礼仪，促进其社会性发展。因此，从环境准备、教师指导等方面考虑，食品区可作为幼儿中、大班生活区的重点区域。

（三）设置隐性标识，控制人数

生活区的发展目标涉及幼儿的动手能力和自理能力，这些都需要幼儿在多次操作中逐步形成，因此需要控制进区人数以保证每个幼儿每次进区时具有充足的操作机会。教师往往用区域环境中的标识作为隐形规则来实现进区人数的控制。无声的标识有时比教师有声的干预更有效，同时可以更自然地帮助幼儿建立内部秩序感。

在一般生活区，桌子上的标识可有效控制幼儿进区的人数。为了最大限度地使用桌面空间，保证在同一张桌子上操作活动材料的幼儿不会相互干扰，教师可将标识张贴于桌面的特定位置。标识的数量及特定位置都将有效限定使用每张桌子的人数，并指引幼儿在开展活动时坐在相应的位置。

玩水区的人数控制则可通过设置进区手环来实现，由教师为幼儿准备一定数量的防水材质的进区手环（见图1-5），选择进入玩水区的每个幼儿需拿取手环并佩戴好，方可进入玩水区。当容器中的手环全部取走时，则意味着

图 1-5　玩水区进区手环

图 1-6　食品材料预约表

玩水区人数已满，幼儿应前往其他区，从而实现对进区人数的有效控制。

基于食品区的操作过程较为复杂及材料的特殊性，有时幼儿需在成人的指导下完成材料的操作。活动前家长要与幼儿共同准备相关食材，因此幼儿需要提前预约食品区的材料，这样可以有效控制当日进区人数，从而保证食品区活动的正常开展。食品区的人数控制是通过家园互动栏中的《食品材料预约表》（见图1-6）来实现的。学期初，教师提供本学期食品材料清单，并将其附在《食品材料预约表》上，由幼儿及其家长自主选择需操作的食品材料，并提前预约时间。通过这种有准备的环境设置，可确保每次在食品区不超过两名幼儿参与活动，从而保证教师高密度、高质量地进行食品区活动指导。

二、生活区物品的摆放

生活区的物品包括活动柜、操作台、生活区材料及工具等。在选取生活区的物品时，应结合各分区的不同特性，充分考虑幼儿的身心发展特点，尊重幼儿的兴趣及喜好。在摆放这些物品时，为了培养幼儿的秩序感，教师应合理布局、科学利用、有序放置。

（一）选取适宜的活动柜

柜子的选择与区域本身的功能特点紧密相关，因此在创设区域环境时，对于不同的区域，要根据区域的特点及功能选择适宜的活动柜。总体而言，区域活动柜的高矮、大小、尺寸应适合幼儿的身高，使幼儿拿取材料时，各层架在其视线范围之内，便于幼儿取放材料。层架间隔也应适当，以保证各种托盘和容器有足够的摆放空间。在柜子的外形上，要注意选取视觉舒适、清爽的颜色，材料容器的配色也应达到整体和谐，具有统一的美感。

此外，基于生活区各子区域材料的特殊性，各子区域对活动柜的选取有特殊的要求。比如，在玩水区幼儿需要高频率地接触水源，活动柜一般放置在盥洗室，因此活动柜多采用防水、防潮及便于清洗的塑料、不锈钢、橡胶类材料；形状多为方形，便于放置水桶、水盆、托盘等；颜色以白色、浅灰色等浅色系为主要基调，与水给人透明、无色的感觉相呼应（见图1-7）。

而食品区的材料应更加贴近幼儿的真实生活环境，以拓展幼儿的生活经验，充分满足幼儿运用烹饪工具加工及制作美食的需求。在食品区的环境创设上应

图1-7 玩水区的不锈钢活动柜

尽力营造"小厨房"的氛围，提供真实的工具与食材。因此，食品区活动柜应选取家庭厨房操作台常使用到的材料，从安全性出发，应注意防电、防水、隔热，材料要足够结实，能承受微波炉、烤箱、冰箱等电器的重量，其大小应考虑到所放物品的尺寸（参见图1-8、图1-9）。

图 1-8　可放微波炉的活动柜

放有微波炉的活动柜尺寸为:(长、宽、高)100厘米×25厘米×62厘米(见图1-8)。

图 1-9　可放小冰箱的活动柜

放有小冰箱的活动柜尺寸为:(长、宽、高)60厘米×25厘米×62厘米(见图1-9)。

(二)科学摆放材料与工具

在生活区的活动中,有一些材料是针对同一项教育功能但难度存在层次性,例如,捏的材料有"五指捏""三指捏""两指捏"等。此类材料应根据难易程度从上到下、从左到右分类摆放,让幼儿在材料的有序摆放中潜移默化地感受分类的规律,促进其秩序感的建立。此外,有规律的摆放也便于教师熟悉每份材料所处的位置,更快地判断幼儿操作材料的难易程度,有助于教师对每个幼儿的发展做到心中有数,向幼儿提供更具有针对性的指导。

在玩水区的活动中,相关的材料应摆放在幼儿的视线范围内且便于幼儿取拿，易碎、较重、沿边较高的材料应摆放在较低的位置，以免幼儿取放时产生安全隐患。

食品区会涉及较多存在一定危险系数的用具，一般分为两类。一类为需要电源的设备，如烤箱、微波炉、烤面包机等（见图1-10），应注意将其放在由木材、塑料等绝缘体材料制成的置物柜上，以防漏电，同时要放在有一定高度的位置，避免幼儿直接接触。另一类是刀及切割器等锋利的用具，它们同样存在一定的隐患。为安全起见，应将锋利的用具摆放在幼儿接触不到的地方，同时应注意摆放平稳，以防它们从高处掉落而弄伤幼儿。尤其是小班阶段的幼儿还不能正确地使用工具，教师既要注意指导他们正确、安全地使用各类器具，也要在材料摆放中更多地考虑安全隐患的排查和预防。

图 1-10　接触电源的设备

三、生活区中的标识

常规的建立对刚进入幼儿园的小班幼儿尽快地适应幼儿园生活及参加集体活动来说非常重要。教师科学、合理地设计生活区活动柜上的标识，通过标识来帮助幼儿选择材料、整齐地收放材料，既能培养幼儿独立做出选择的能力，又能培养幼儿有始有终地进行区域活动的良好习惯。同时，教师设计出各种具有区域特色的标识，其丰富含义有助于幼儿感知区域的特征，建立分区概念。此外，在幼儿进行区域个别探究活动时，教师的指导压力更大，此时教师应发挥环境的作用，通过环境中的暗示来引导幼儿自主地开展活动，以减少教师维持常规的时间和压力。

此外，教师在设计各种标识时，还应注重以下三点：

第一，标识应色彩协调、图形简练、线条清晰。

第二，生活区的所有标识采用一种特定颜色的底板，颜色的统一可有效地实现区域的隐性划分。

第三，保证标识的唯一性，每份材料有且仅有一个与之相匹配的标识，否则将对幼儿取放材料产生干扰。

第三节 生活区材料

《指南》在"说明"中指出："幼儿的学习是以直接经验为基础，在游戏和日常生活中进行的。要珍视游戏和生活的独特价值，创设丰富的教育环境……"教师基于《纲要》和《指南》，以及幼儿园课程整体目标中对幼儿生活能力发展的要求，根据幼儿的发展需要，以真实生活为原型，创设班级生活区环境，并在环境中提供与真实生活相对应的各种游戏化、情境化、活动化的材料，通过幼儿的直接感知与亲身探索，培养他们良好的生活习惯和自理能力，并保证幼儿的身心健康发展，形成使其终身受益的生活能力和文明的生活方式。

从园所或班级整体区域方面分析，生活区也是其他区域学习与发展的基础，幼儿在生活区所形成的良好行为及习惯，会促进他们在其他区域的自主学习愿望，提高其进行区域活动与学习的主动性与独立性，为其积极学习品质的建立奠定基础。

一、生活区材料特点

提供适宜的材料是区域活动中教师应该具备的专业能力之一，无论是材料的设计、投放，还是对材料的评价，都应围绕材料的各项特点来进行。而材料所包含的特点应基于幼儿的身心发展特点及该区域的发展目标。生活区材料应该包含六大特点，分别是：精美完整、大小合适、数量适宜、真实情境、安全和谐、呈现规范。

（一）精美完整

幼儿天生会被美好的事物吸引，精美的材料易吸引幼儿的眼球，使幼儿在感受美、陶冶情操的同时，增强进区探索材料的兴趣。此外，材料本身对幼儿来说是无形的教师，其本身的设计对幼儿应有引导作用，因此设计的完整也有利于幼儿建立清晰、完整的逻辑性，同时完整的材料才能完全对应材料的发展目标，实现其教育功能。如"切蛋糕"的材料，是一份深受幼儿喜爱的小班生活区的材料（见图1-14）。

图1-14 "切蛋糕"的材料

首先，从外观看，材质、图案、配色都较为精致，易激起幼儿操作的兴趣，无形中增加了幼儿选取这份材料的频率；其次，从材料的目标来看，通过摆放水果装饰蛋糕、用小刀切蛋糕等操作，有效地锻炼了幼儿拼插、握、切的动作技能。这样一份完整的材料（包含蛋糕配件、水果配件、小刀及盛放水果与小刀的容器等）才能支持幼儿获得相应的发展，由此可见完整精美对实现材料目标的重要性。

（二）大小合适

在设计和投放适宜的材料时，教师需要着重考虑材料的大小是否合适。相比中、大班幼儿，小班幼儿更容易关注体积较大、立体、形象的物品，且小班幼儿的小肌肉动作发展有待完善，因此小班生活区材料需要尽可能立体化、直观化，便于幼儿取放、操作。例如，在"串珠子"的材料中，不同年龄段的幼儿对材料的选取会有所差异。对于年龄较小的小班幼儿，需要提供更大的珠子、更粗的串线，珠子上的孔要更大，从而降低串珠的难度；而随着幼儿年龄的增长，大部分幼儿的能力与经验也随之提升，可通过选取更小的珠子、缩小珠孔等方式增加串珠材料的难度和挑战性。

当然，这并不意味着对于年幼儿童来说，材料越大越好，关键还是在于材料是否适宜幼儿操作，例如，图1-15中的"榨水果"的材料，由于两个握柄间的距离太大，所以这份材料并不适宜小班幼儿操作。因此，教师在设计、投放材料时，应基于对幼儿的了解以及幼儿的实际操作情况，做到对材料的准确选取与及时调整。

图1-15 "榨水果"的材料

（三）数量适宜

在创设适宜的材料时，基于幼儿的年龄特点，另一项需要教师着重考虑的材料特点便是适宜的数量，适宜的数量直接由幼儿不同年龄发展阶段的认知特点所决定。小班幼儿对物品量的理解大约在6个以内，因此材料的数量不宜过多。考虑到幼儿注意力有限的发展特点，在投放材料时要特别注意避免幼儿因重复一项操作的时间过长，丧失操作兴趣而无法坚持。同时，材料的操作步骤也应相对简洁，基于幼儿的发展特点不要将操作的难度设置得过高，以免幼儿失去尝试的信心。

幼儿进入中、大班后，数概念有了进一步发展，专注时间相对于小班幼儿来说也明显延长，因此材料数量可适当地增加。一方面，这样能进一步增强幼儿的数概念，发挥生活区的一些隐性功能，实现区域相关经验的迁移；另一方面，一定的材料数量需要幼儿投入更多的专注时间，有助于提升幼儿的学习品质，为幼儿将来进入小学奠定良好的基础。当然，区域材料的数量并不是一成不变的，教师也应考虑材料内容的难易程度及本班幼儿的实际发展水平，进行有针对性的调整。

(四) 真实情境

基于幼儿直观形象思维的特点，教师在材料的选取和设计上应注意考虑贴近幼儿的生活，为幼儿提供真实的情境。这样做的目的有以下三点：第一，真实的情境富有趣味性，能更好地激发幼儿探索材料的兴趣；第二，真实的情境贴近他们的生活，符合其发展经验，便于幼儿掌握、丰富新的经验；第三，真实的情境有助于幼儿将区域材料操作中获得的经验迁移到真实的生活中，真正做到学以致用。因此，教师在材料设计的思路及环境创设上都应力求回归真实的情境。如"挂衣服"的材料（见图1-16），通过这份材料，我们不难看出它源自日常生活中晾晒衣服的情境，教师通过提供玩具化的衣架材料和孩子们喜欢的娃娃衣服，强化幼儿晾晒衣服的经验，并通过将衣服挂在衣架上的操作，锻炼幼儿的小肌肉动作能力。

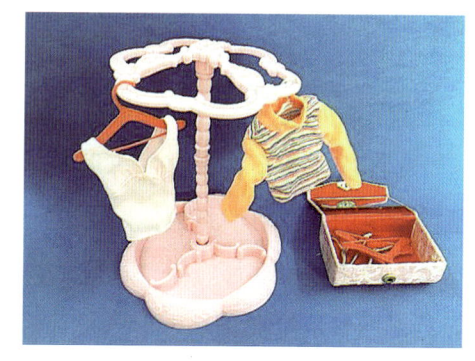

图1-16 "挂衣服"的材料

(五) 安全和谐

安全是幼儿教育中最重要的一点。生活区作为区域中的预备区域，更多地需要支持缺乏经验的小班幼儿进行操作，他们的身体组织更为柔嫩，操作经验不足，更容易受到伤害，教师应对安全因素更为关注，细心考量材料中可能存在的安全隐患，并在设计材料及投放时加以注意。

一般而言，应为幼儿选择安全无毒的材料，并基于材料的易碎性、硬度、重量、高度等选择适宜的配件（如托盘、材料涉及的容器等），如"倒珠子"的在材料（见图1-17）。"倒珠子"是在小班生活区常投放的一份材料，旨在

图 1-17 "倒珠子"的材料

训练幼儿手眼协调,并较为准确地将一个杯子中的小颗粒倒入另一个杯子,它对幼儿小肌肉动作能力的发展也有一定的好处。但其杯身有一定的高度,教师观察到,幼儿在取放材料时,易因杯子的重心较高、不稳定而将杯子打翻,而打翻造成的碎片易划伤幼儿,因此存在潜在的危险。为此,教师要选取较小且不太高的杯子。此外,从整体和谐的角度出发,教师还应对材料的全部重量是否适合幼儿拿取加以考虑。例如,同样是这份材料,在两个瓷杯已经较重的情况下,托盘则应轻一些。

(六)呈现规范

生活区作为预备区,是幼儿进入幼儿园后先接触的区域之一,幼儿在生活区形成的操作习惯将为他们在其他区域的发展打下基础,因此生活区材料本身的设计和呈现都应做到规范,这也是为幼儿做好正确指引的前提。所谓规范,指的是材料在呈现上应符合合理的逻辑顺序,一般而言是从上到下、从左到右,其他辅助材料也应摆放在托盘的指定位置。合理有序地摆放,既有助于幼儿正确操作,也有助于其秩序感的建立。如"舀一舀"的材料(见图1-18),每次结束操作时,将材料和用具归位是幼儿应该养成的一个好习惯。若将勺子直接放在碗中,无论对本次操作的幼儿还是对下一次操作的幼儿来说,都是一种对摆放次序的无视,无形中错失了使幼儿养成良好习惯的宝贵机会。材料的摆放,基于我们的认知特点应采用从上到下、从

图 1-18 "舀一舀"的材料

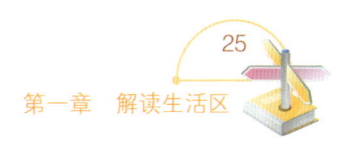

左到右的顺序，为了便于幼儿通过操作材料自发地将左边碗中的物品舀入右边的碗中，教师在材料原始的呈现上应予以注意。

二、生活区材料投放

在区域活动中，环境与幼儿始终共存，幼儿通过与环境的互动来实现自我探索、自我学习与自我发展。在区域活动环境中，对幼儿影响最大、与幼儿互动频率最高的就是环境中的材料。材料是区域活动的三大要素之一，也是"有准备的环境"中的核心要素，材料作为开展区域活动的物质基础，承载着各领域的教学内容，幼儿需要不断地、主动地寻找并探索能促进其"最近发展区"的材料，以获取信息、积累经验和发展能力。提供适宜的材料是区域活动中教师应该具备的专业技能之一，不同年龄的幼儿因认知水平、能力发展、兴趣爱好、年龄大小各异，所需要的材料也各不相同，教师应根据幼儿的需要，有目的、有计划地投放适宜的材料，并随着幼儿的发展和兴趣及时地调整、更新材料，这样才能使材料具有适宜性，适合幼儿的需要，促进幼儿在区域活动中获得持续性的发展。

以下我们主要以时间轴为线索，从材料搜集、材料摆放和材料调整三个方面来阐述生活区材料的投放。

（一）*材料搜集：线索明晰，源于生活*

教师在材料搜集过程中应思考两个要素——搜集的内容和搜集的依据。回答这两个问题，需要教师具有清晰的生活区线索意识。材料能否支撑幼儿的发展取决于材料的目标，而材料的目标要对应幼儿的发展目标，生活区线索正是串联二者并使其相吻合的连线。基于这一思路有准备地、有针对性地搜集材料并进行设计改造，有助于教师在投放材料时有据可循、有律可依。

此外，《指南》"说明"中明确指出："幼儿的学习是以直接经验为基础，在游戏和日常生活中进行的。要珍视游戏和生活的独特价值……"加之生活区本身的特点，在搜集材料时，教师应选择贴近幼儿的生活，符合幼儿已有经验的材料。幼儿已经开始有意识地关注自己身边的事物，而且对周围发生的问题有一定的主见，因此，教师可让幼儿主动参与、积极探索，通过观察、交流、操作、组合，获得生活区的关键经验。

取材于生活的材料蕴含着教师的创意和智慧，这无形中也有助于培养幼儿的创造性。操作不同的废旧物品，可让幼儿多留意身边的事物。通过教师不断创新、大胆改良的设计，可启发幼儿想象、组合、感受创新设计的乐趣。

图 1-19 "缝扣子"的材料

教师若能做有心人，合理地将日常生活中不需要的小物品搜集起来加工成有趣且具有教育性的材料，有助于幼儿从小树立环保意识。例如，一份"缝扣子"的材料（见图 1-19），教师通过回收幼儿家中淘汰掉的针线盒、礼品盒及绕线器等，将其有效地组合在一起，使幼儿在生活区也能尝试操作与缝补有关的材料，锻炼手指小肌肉等部位的精细动作能力，初步掌握缝补的基本技巧。

（二）*材料摆放：内容覆盖，层次分明*

生活区材料的摆放有别于前文提及的生活区物品的摆放。物品的摆放需要教师结合生活区的空间特点合理布局，要考虑水源、电源、其他活动区的分布等因素。而材料的摆放则需要教师更多地基于生活区内容体系加以思考。为保证幼儿全面、均衡地发展，教师应以材料内容全面覆盖为原则投放材料，且在摆放时注意逻辑顺序，分层分类呈现。

1. 根据材料线索整理集中材料

教师给予幼儿的支持都建立在幼儿的发展目标基础之上，因此投放的材料内容也应相应地满足幼儿的各项发展需要。基于《纲要》和《指南》中的相关目标来梳理生活区的内容线索是十分必要的。正如前文中的生活区思维导图所呈现的，生活区的内容主要包括四个方面：基本动作、照顾自己、照顾环境和社交礼仪。因此，教师在设计、投放材料时要考虑到每个年龄阶段都应涵盖这四个方面所涉及的生活区内容，从而支持幼儿全面、均衡地发展。如《指南》中针对3—4岁的幼儿提出了"能熟练地用勺子吃饭"这一目标。为此教师首先要筛选已有材料中有哪些是能够对应这一目标的，如"舀豆子""一分二地舀"等关于"舀"的材料，并将符合此目标的材料归入这一方面，如果发现材料有不足的情况，教师应根据这一要求设计、制作相关的生活区材料，完善本班生活区的材料体系。

2. 分类分层将材料进行呈现

教师在生活区材料库中选择适宜的材料投放到活动柜里时，不能盲目地将已有的材料随意投入，而应根据生活区目标的分类，将同一类材料放在一起，并在同类型材料中划分难度层级。此外，在摆放每一份材料时应注意与其前后的材料呈现难度递增或递减的关系，这样的投放既能保证基于材料内容的线索呈现的清晰度，也有助于教师在有序摆放中迅速定位，便于日后教师进区指导观察时及时了解幼儿的发展水平。表1-2呈现了一个小班生活区刚入园阶段活动柜中的部分材料的名称。

由表1-2不难看出，基于基本动作的相关目标及内容，教师为幼儿提供了有关抓、投、穿、拧、倒、舀、扣等各项强化小肌肉动作能力发展的活动区材料，且每个内容都对应一定的难度梯度。比如，关于基本动作内容的"抓的材料"，基于这一内容类型的难度又可细分为"五指抓"（相关材料如"抓黄豆"）、"三指捏"（相关材料如"投核桃"）、"两指抓（投硬币）"。基于自我服务相关目标的内容又涉及扫、晾晒衣服、穿衣服、叠衣服等，且难度梯度有所变化。

表1-2 生活区活动柜材料呈现表

第一橱			
层级	活动材料		
第一层	五指抓	三指捏	投硬币	投牙签
第二层	穿积木	穿线板	穿珠子（大孔）	穿珠子（小孔）
第三层	拧瓶盖	拧螺丝	小口倒珠子	大口倒珠子
第四层	大勺舀豆子	中勺舀豆子	小勺舀大豆	小勺舀绿豆
第二橱			
层级	活动材料		
第五层	倒石子	漏斗倒水	舀水	捞汤圆
第六层	子母扣	立体纽扣材料包	给鞋子配对	系鞋带
第七层	扫珠子	扫石子	扫纸屑	扫彩砂
第八层	晾衣服	给娃娃穿衣服	叠毛巾	叠衣服
……			

因此，教师在投放材料时应保证生活区各项内容的覆盖，按照难度层级依次摆放。这样保证了幼儿在生活区获取关键经验，使其可根据自己的发展需要从左到右开始选择材料，某幼儿即使从未探索过这方面的材料，也有可能从左往右、从易到难选择材料。

(三) 材料调整：厘清原图，策略调整

在区域活动开展过程中，材料投放到区域环境中后并不是一成不变的。由于各种原因，曾经适宜的材料会失去其原有的价值，要想让幼儿在区域活动过程中通过探索获得新的有效的发展，教师需要及时调整材料，以满足幼儿新的需求。

1. 调整原因

材料对幼儿发展的作用毋庸置疑，因而材料的适宜性直接影响着幼儿发展的效果。但由于幼儿是不断动态发展变化的，所以没有放之四海而皆适宜的材料，教师要不断地、及时地对材料进行适宜的调整。为了做到这一点，教师可通过分析材料的内容维度和难度了解材料的调整原因。

（1）基于材料的内容进行调整

在班级生活区经常出现这种场景：该班幼儿对某一知识系列的材料有着浓厚的兴趣，大家普遍选择这一类材料，而对其他内容的材料则少有人问津。为此，教师应观察分析幼儿的行为，发现能引发幼儿兴趣的材料的共性与不能引发幼儿兴趣的材料的共性。如果是个别材料的问题，教师就应从个别材料的内容方面进行调整；而如果是属于群体问题，教师需要整体分析材料的内容结构，从而增强材料对幼儿的吸引力。

此外，在材料的内容选取上，教师应兼顾材料的目标。例如，对于小班幼儿，应该适当均衡地投放各类锻炼幼儿精细动作能力的材料；同时，考虑到与主题活动的链接性，在集体探究之外，为满足幼儿个别探索的需要，对区域中的部分材料可基于幼儿的兴趣结合主题进行相应的调整。比如，在开展关于"种子"的主题活动时，为了让幼儿充分感知种子的形状、大小、质量等特性，可以在生活区把"舀"的材料更换为种子，以照应主题元素。在不变更生活区发展目标的前提下，可通过与主题贴近的元素进一步引发幼儿对主题的探究兴趣。

（2）基于材料的难度进行调整

在幼儿园阶段，随着幼儿年龄的增长和经验的丰富，幼儿的小肌肉动作能力、自理能力及交往能力等都在不断提升。比起具有探索性的区域材料，生活区材料更多地侧重于幼儿的基本技能和习惯的培养，为其他领域的发展打下了坚实的基础。因此，总体而言，随着幼儿年龄的增长，生活区材料的投放数量有所下降，而相应地增加了难度。例如，在小班食品区材料中有

"敲鸡蛋"的材料，材料操作较为简单，操作时间也较短；而大班食品区则会涉及操作更复杂的一些材料，如"制作手擀面"，其中就需要幼儿掌握敲鸡蛋的基本要领，同时也增加了许多新的操作步骤。

2. 调整策略

生活区材料的调整策略，可以根据调整的内容进行分类，分为目标调整策略、时间调整策略、空间调整策略、情境调整策略、形式调整策略。教师要依据问题出现的原因有针对性地选择最适宜的策略。

（1）目标调整策略

每一份材料都对应着特定的教育目标，在实际投放过程中，会由于材料的难度不适宜等因素，需要教师根据材料的发展目标对材料的投放进行适当调整。例如，对已经有过两年区域活动经历的大班幼儿来说，目标为锻炼基本动作能力的材料（如"抓一抓""舀一舀"的材料）已难以满足他们的发展需求，因此教师需要适当增加一些关于其他发展目标的材料，例如，"几何缠绕""织围巾""彩虹手链"等材料。

（2）时间调整策略

时间调整策略是指教师根据时间的变化（如季节性变化、新学期、新学年等）相应地调整区域材料。时间变更引发的区域材料调整，需要教师根据每个时间段的特点，有针对性地对材料进行反思：班级幼儿可能会因为这种特定的变化而产生哪些集体性的新需求。针对季节性变化，教师可相应地投放一些关于季节性元素的材料。比如，春季是万物复苏的季节，对于"给娃娃穿衣服""晾晒衣服"的相关材料，教师可相应地调整为春季的常用服装，让幼儿建立随季节变换而及时更换衣服的概念，并初步感知不同季节衣服的特点。

（3）空间调整策略

空间调整策略指教师根据幼儿各阶段的发展需求等，对生活区空间进行整体性调整。例如，对于小班幼儿来说，生活区作为其他区域的基础，是他们开展活动最多的区域，因此需要数量更多、内容更加丰富的材料，随之也需要更大的空间来放置材料。而到了中、大班，幼儿在生活区的相关基本经验已日益丰富，为了使幼儿的发展均衡，此时需要兼顾其他区域的发展。因此，在生活区投放的材料会相对减少。以我园为例：在一般生活区，小班平均会使用4个基本活动柜，即对小班幼儿投放48份以上的生活区材料；而到了中、大班则平均分别减少一个活动柜，在中班投放32份材料，在大班投放16份材料。

（4）情境调整策略

情境调整策略是指基于幼儿的心理发展特点，通过设置一定的情境以激发幼儿操作材料的兴趣，从而提高幼儿进区操作的频率和质量。例如，同样是"夹"的材料，对于"给小狮子夹胡须"的材料（见图1-20），男孩和女孩都非常喜欢。但换作"七星瓢虫"的材料（见图1-21）后，男孩会对这个情境更感兴趣一些。因此，教师要基于班级特点、幼儿的特别需求进行相应的情境调整。

图1-20 "给小狮子夹胡须"的材料

图1-21 "七星瓢虫"的材料

（5）形式调整策略

形式调整策略指的是在材料难度适宜、内容合理的前提下，为契合幼儿的兴趣通过调整材料的呈现形式而采取的一种策略。通常来说，幼儿会对立体化、动态化的呈现方式更感兴趣，因此教师可以此为调整方向加以思考。例如，比起单一的"扣扣子"的材料（见图1-22），幼儿更愿意操作立体化呈现的"立体纽扣"的材料（见图1-23）。

图1-22 "扣扣子"的材料

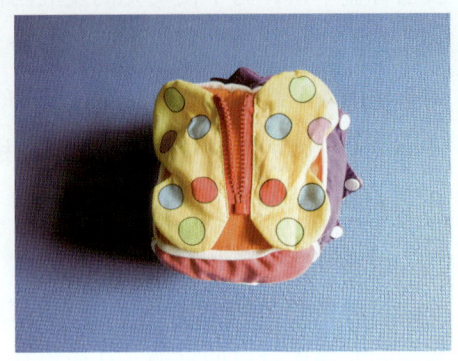

图1-23 "立体纽扣"的材料

三、生活区材料预览

在生活区材料预览表（见表1-3）中，我们以幼儿的生活能力发展为线索，从简单到复杂列举了48份材料。其中，低层次材料16份，中等层次材料16份，高层次材料16份。这些材料又从基本动作、自我服务、照顾环境以及生活礼仪等方面进行分类排序，在排序中前一份材料的难度一定会低于后一份材料，包含后一份材料的准备功能，而后一份材料相对于前一份材料，更有助于幼儿能力的提升，也有其他方面的拓展，是前一份材料的延伸。

为了让读者在实践中更好地根据材料的排序来观察并衡量幼儿的发展，我们在排序时进行了反复的考量，同时也参考了多年来我园生活区大量教师的经验与总结资料。因此，一线教师在采用我们列出的材料开展实践教育活动时，要将材料的线索清晰地铭记在心，在指导和观察幼儿活动的过程中，了解幼儿在生活区选择材料时是否有序，同时根据幼儿单次操作中的情况，判断幼儿选择材料的适宜性，根据材料线索了解幼儿的发展，并为其找到支持他们后续发展的材料，制订后续的成长计划，使其在生活区的活动，能够促进他们在自身原有的水平上获得良好而持续的发展。

表1-3 生活区材料预览表

年龄 序号	小班	中班	大班
1	捞一捞	瓢虫找妈妈	七彩小鱼
2	小鸟在唱歌	洗毛巾	开锁
3	毛毛虫	卷铅笔	串手链
4	扎草莓	晾衣服	缝扣子
5	扣布环	照顾花草	编辫子
6	拧螺丝	给娃娃洗澡	刨瓜皮
7	漏斗倒水	熨裤子	缝手袋
8	扫石子	千千结	织围巾
9	插花	十字绣	彩虹手链
10	漂亮的饰品盒	编织机	绣花
11	夹包子	青柠蜜饮	蒸水蛋
12	水果串	切鸡蛋	全西红柿饭
13	剥花生	香蕉奶昔	动物烤麸
14	榨橙汁	开心饭团	寿司拼盘
15	做汤圆	包饺子	烤饼干
16	制作水果沙拉	手擀面	蒸馒头

第二章
生活区材料案例

本章介绍的生活区材料，是深圳市莲花二村幼儿园在借鉴西方优秀的课程理念及课程模式，并在十多年园本区域课程建构过程中，为落实《纲要》与《指南》的要求，为实现区域课程全面中国化、本土化而设计制作的。有关这些材料设计制作的相关理论，我们在《幼儿园区域活动——环境创设与活动设计方法》一书中进行了详细而全面的介绍，并选择了个别材料案例加以呈现。在本书中，我们将更多地为读者提供适合大、中、小班幼儿操作的生活区材料及活动实例，从材料设计思路、材料导航、具体实物材料照片和材料操作方式等方面，对每一份材料进行详细的解析，希望通过对每份材料的介绍，为开展生活区活动的幼儿园提供一份可实际操作的材料蓝本。

第一节 小班生活区

小班幼儿刚从家庭进入集体生活，需要培养良好的生活习惯及生活自理能力，小班生活区的材料主要为此进行准备。在介绍小班生活区时，我们选取了深圳市莲花二村幼儿园 17 年区域探索成果中的精华，荟萃了我园在中国化、本土化材料设计和制作中的优秀案例。这里我们会为读者呈现我园如何在小班生活区提供材料，从而促使幼儿在生活区活动时形成良好的常规，并培养一定的在其他区域探索的习惯与能力。

一、小班生活区材料设计思路

小班幼儿相对而言生活能力比较弱。现状是：很多幼儿由于家长的包办代替，自理能力基本为零；由于家长对幼儿的溺爱，许多幼儿不但能力弱，而且自己动手的愿望也非常微弱。因此，在设计小班生活区材料时，教师首先需要提出的目标是激发幼儿动手的兴趣，让幼儿从"喜欢他人做"转变为"我喜欢自己做"，然后，引导幼儿在兴趣的基础上一步步地提高动手能力，形成初步的生活自理能力。

喜欢故事是幼儿的天性，小班幼儿尤其喜欢故事和故事中的情节及角色。针对这一特点，教师在设计制作小班生活区材料时，可将每份材料以故事的形式加以呈现，通过故事的情节或故事中吸引人的角色来激发幼儿操作材料的兴趣，并通过材料探索来提高他们的生活自理能力。如材料"小鸟在唱歌"，目的是让幼儿运用拇指、食指及中指捏住小鸟造型的竹签，一根一根地插到树枝上，最终形成一幅小鸟在树上唱歌的画面。为了增强幼儿探索的兴趣，教师将材料背景创设成一群快乐的小鸟在树上举行歌唱比赛，请幼邀请小鸟到树上。在这样的故事情境中，幼儿探索材料的积极性得到了提高，完成了与材料的互动，同时发展了他们的手部精细动作能力，为后期的生活区材料探索，以及语言区的前书写做好了基本准备。

二、小班生活区材料导航

从小班生活区材料导航图（见图2-1）中我们可以看出，在小班生活区既有以培养幼儿的初步生活能力为目的的材料（如"捞一捞"），也有为幼儿在生活区进行活动做准备的材料（如"水果串"），还有为促进幼儿进入其他区域活动储备各种能力的材料（如"小鸟在唱歌"）。这些材料以综合形式加以呈现，可立体地促进幼儿各种能力的发展与提升。

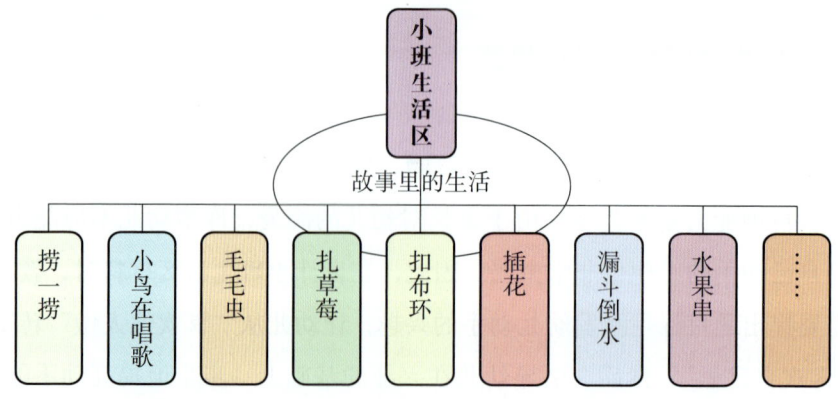

图2-1 小班生活区材料导航图

三、小班生活区材料案例

案例 2-1

（1）活动名称：捞一捞。

（2）活动目标：

①乐意参与在水中捞一捞的活动，体验玩水的乐趣。

②初步尝试使用漏勺，掌握正确握漏勺的方法。

③锻炼手腕的力量，提高手部动作的精准性。

（3）材料解读：

①选择大小适宜的、能盛放足够水量的小水盆，便于幼儿操作。

②提供防水防锈的不锈钢、塑料用品。

③漏勺的形状、大小、漏水孔要适合小班幼儿使用。

④选择安全无毒、色彩鲜艳的仿真海洋动物。

（4）材料构成（见图2-2）：

①仿真海洋动物5个，漏勺，抹布。

②托盘，小水盆，小碗，小碟。

图 2-2 材料构成

（5）操作步骤：

①从托盘中取出全部材料（见图2-3）。

图 2-3 取出材料

②将小水盆、漏勺、仿真海洋动物和抹布从托盘中取出。用小水盆盛水，水量不超过蓝色的标识线（见图2-4）。

图 2-4 盛水至标识线处

图 2-5　把仿真海洋动物放入水中

③把仿真海洋动物逐一放入水中（见图 2-5）。

图 2-6　拿起小漏勺

④拿起小漏勺（见图 2-6）。

图 2-7　捞起一个小动物放入小碗中

⑤用小漏勺捞起一个小动物，滤干水，放入小碗中（见图 2-7）。

图 2-8　捞出全部小动物

⑥依此方法将小动物全部捞出（见图 2-8）。

⑦用抹布把桌子、托盘上的水迹擦干（见图2-9）。

图 2-9　擦干水迹

（6）适宜年龄：3—4岁。

（7）错误控制：小水盆内有盛水标识线。

（8）注意事项：

①教师提醒幼儿，盛水时不要超过盛水标识线，防止水溢出。

②操作结束后，晒干抹布。

（9）变化延伸：

①可更换其他玩具捞一捞，如捞汤圆、捞玻璃彩珠等，增强幼儿的操作兴趣。

②可提供不同漏孔的漏勺，增加难度。

③鼓励幼儿双手交替练习。

（10）活动反思：

①这份材料是幼儿刚入园时的探索材料，由于这一时期幼儿的手部精细动作发展还不完善，他们在抓握物品方面会出现操作不当的情况。当幼儿操作材料时，教师应该留意幼儿的动作，必要时提醒幼儿掌握正确的抓握方法，让幼儿慢慢地形成良好的习惯，更好地促进其小肌肉动作的发展。

②小班幼儿良好的生活常规还没有很好地建立，在本次操作中出现了水这一材料，因此，幼儿捞出仿真海洋动物后"滤干水"的动作非常重要。据观察，在探索中能够进行"滤干水"操作的幼儿，其操作台（或地毯）的干净程度会明显优于其他幼儿。因此，教师在观察时要把握幼儿操作中的关键点，提醒幼儿养成良好的操作习惯。这不仅是在培养幼儿进行区域探索的良好习惯，更是在培养他们良好的生活习惯。

③在幼儿完成材料探索后，教师一定要检查材料的清洁与归位情况。在这一环节中，教师要重点关注材料是否擦干，以免潮湿的材料滋生细菌。教师通过自始至终的观察与引导，使小班幼儿形成了良好的材料探索常规。

> **案例 2-2**

（1）活动名称：小鸟在唱歌。

（2）活动目标：

①乐于动手进行二指抓的练习。

②发展大拇指和食指配合的能力及手眼协调能力。

③提高手指的灵活性。

（3）材料解读：

①选择颜色鲜艳的塑料小鸟牙签，可激发幼儿的学习兴趣。

②提供大小适中、便于幼儿操作的小鸟牙签，数量不宜过多。

③树枝上的洞眼与小鸟牙签的数量相同。

④树枝上的洞眼大小与小鸟牙签的大小相吻合。

（4）材料构成（见图2-10）：

①树枝，小鸟牙签。

②竹筐，牙签盒。

图 2-10　材料构成

（5）操作步骤：

①从托盘中取出材料（见图2-11）。

图 2-11　取出材料

②用大拇指和食指从牙签盒中取出一根小鸟牙签（见图2-12）。

图2-12　取出一根小鸟牙签

③把小鸟牙签对准并插入树枝的洞眼里（见图2-13）。

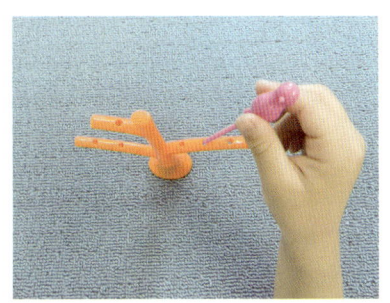

图2-13　插入树枝的洞眼里

④将小鸟牙签依次插在树枝上（见图2-14）。

图2-14　将小鸟牙签插在树枝上

⑤依次取下树枝上的小鸟牙签（见图2-15）。

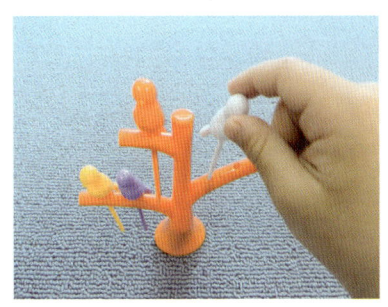

图2-15　取下树枝上的小鸟牙签

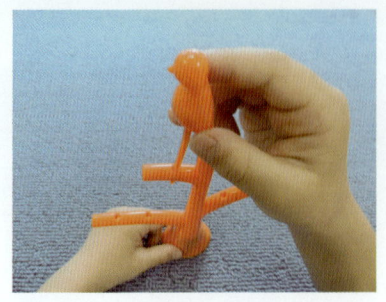

图 2-16　把小鸟牙签全部取下来

⑥把小鸟牙签全部取下来(见图2-16)。

图 2-17　把小鸟牙签放回牙签盒

⑦把小鸟牙签放回牙签盒,收拾全部材料(见图2-17)。

(6)适宜年龄:3—4岁。

(7)错误控制:小鸟牙签和树枝上的洞眼相对应。

(8)注意事项:

①在幼儿的操作过程中,教师要注意提醒幼儿用大拇指和食指抓"小鸟"的身体。

②教师可以用手机录下幼儿操作时的全过程,来分析幼儿手眼的协调性和手指动作发展的水平。

(9)变化延伸:可根据幼儿的能力和水平,改变材料的内容和数量。

(10)活动反思:

①在幼儿拿取牙签时,教师可以通过示范、引导等方式,提醒幼儿注意三指抓的操作要点,借助于大拇指、食指和中指三指的共同操作拿取牙签,便于幼儿把牙签插入树枝的洞眼中,可锻炼幼儿三指抓握的灵活性。

②在幼儿插牙签时,教师应引导幼儿遵循从上往下、从左往右的插放顺

序，这有助于幼儿秩序感的建立。

③教师在支持幼儿的过程中应重点观察幼儿的手眼协调能力，必要时为幼儿提供更有挑战性的材料。

案例2-3

（1）活动名称：毛毛虫。

（2）活动目标：

①对操作材料感兴趣，体验操作成功的喜悦。

②感知魔术贴的圆毛和刺毛两个面，学习魔术贴的粘贴方法。

③在触摸、粘贴等操作中发展触觉和动手能力。

（3）材料解读：

①用环保清洁的人造棉、针织布缝制成一节节的毛毛虫。

②在每节毛毛虫的两端缝上魔术贴的圆毛和刺毛两面，再缝上彩色纽扣作为错误控制点。

（4）材料构成（见图2-18）：

①魔术贴毛毛虫一条。

②小花篮。

图2-18　材料构成

（5）操作步骤：

①从托盘中取出材料（见图2-19）。

图2-19　取出材料

图 2-20　分类摆放

②把毛毛虫的身体和头尾分类摆放（见图 2-20）。

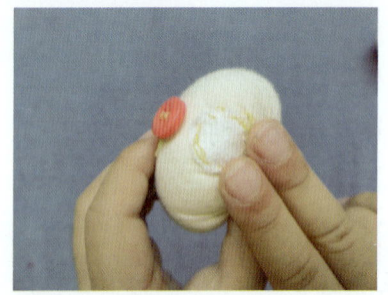

图 2-21　触摸魔术贴

③触摸魔术贴的两边，感受不同的两个面（见图 2-21）。

图 2-22　同色纽扣粘在一起

④按纽扣颜色的指引将毛毛虫的身体粘贴在一起（见图 2-22）。

图 2-23　粘好毛毛虫的身体

⑤逐一粘好毛毛虫的身体（见图 2-23）。

⑥把毛毛虫的头部和尾巴粘贴在一起（见图2-24）。

图2-24 粘贴头部和尾巴

⑦和毛毛虫做游戏（见图2-25）。

图2-25 和毛毛虫做游戏

（6）适宜年龄：3—4岁。

（7）错误控制：纽扣颜色相同的两节身体粘贴在一起。

（8）注意事项：当毛毛虫粘贴好后，教师要引导幼儿和毛毛虫做游戏，如有松脱需要重新粘贴、压紧。

（9）变化延伸：可以更换其他的小动物材料，如"小鸡排队""小鱼找妈妈"等。

（10）活动反思：

①在粘贴字母扣时，教师要观察并提醒幼儿注意颜色的配对，找到颜色相同的扣子进行粘贴。

②粘贴毛毛虫时，教师应引导幼儿遵循一定的顺序，可先把身体粘好再粘头和尾，也可按从头到尾的顺序粘贴。教师在引导时无须固守单一的操作顺序，但应有培养幼儿秩序感的意识，使幼儿养成良好的操作习惯。

③在幼儿都完成材料操作后，教师可以根据每个幼儿在生活领域的发展

水平及发展需要，为幼儿提供更有挑战性的材料。

案例 2-4

（1）活动名称：扎草莓。

（2）活动目标：

①喜欢扎草莓的活动，体会动手操作的成功和喜悦。

②学习按压图钉及拔出图钉的正确方法。

③通过拿、按、拔等操作活动，提高手部小肌肉动作的灵敏性。

（3）材料解读：

①扎草莓是一个从易到难的操作，初期教师可为幼儿提供少量的图钉供其按入、拔出，再过渡到用更多的图钉。

②根据幼儿的年龄特点，教师提供的图钉由易到难，后期可提供更细小的图钉。

（4）材料构成（见图 2-26）：

①草莓，图钉。

②托盘，小碗。

图 2-26　材料构成

（5）操作步骤：从托盘中取出材料（见图 2-27）。

图 2-27　取出材料

①从托盘中取出草莓进行观察（见图 2-28）。

图 2-28　取出草莓进行观察

②取出图钉，用食指及中指夹住图钉（见图 2-29）。

图 2-29　取出图钉并用手指夹住

③用大拇指将图钉用力按入白色标记（见图 2-30）。

图 2-30　将图钉按入白色标记

④依次将图钉按入白色标记（见图 2-31）。

图 2-31　依次将图钉按完

图 2-32　将图钉拔出

⑤用大拇指及食指将图钉拔出（见图 2-32）。

图 2-33　依次拔出所有图钉

⑥依次拔出所有图钉（见图 2-33）。

（6）适宜年龄：3—4 岁。

（7）错误控制：图钉的数量为 7 颗，与草莓身上的白色点一样多。

（8）注意事项：

①教师提醒幼儿，先夹好图钉再按入。

②拔出图钉时注意方法，安全取放。

（9）变化延伸：可以增加图钉的数量。

（10）活动反思：

①因为这一操作涉及图钉等带有一定危险系数的材料，教师应在操作前向幼儿介绍图钉的危险性、正确的操作方法及操作中的注意事项等。

②教师还应注意提醒幼儿收放材料时多加小心，避免图钉散落在地上造成伤害事件。

案例 2-5

（1）活动名称：扣布环。

（2）活动目标：

①乐意自己动手扣按扣，有良好的自我服务意识。

②了解按扣的特征，练习扣按扣的正确方法。

③愿意尝试在生活中穿脱带按扣的衣服，增强手指力量，提高自理能力。

（3）材料解读：

①选择质地柔软的布料制作布环，布环的长度、大小一致。

②布环上的按扣大小、松紧要适中。

③凹扣的两端各标有一个标记，两个标记在同一条直线上，保证扣好的布环整齐、美观。

图 2-34 材料构成

（4）材料构成（见图 2-34）：

①长方形布条 5 条。

②托盘。

（5）操作步骤：

①逐一取出材料（见图 2-35）。

图 2-35 逐一取出材料

②将布条摆放整齐，取一根布条，双手拿住两端对准标记卷成一个圈（见图 2-36）。

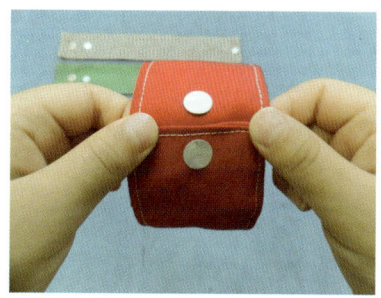

图 2-36 对准标记卷成圈

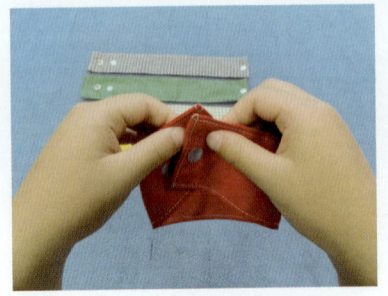

图 2-37　将凸扣按入凹扣里

③对准标记将凸扣按入凹扣里（见图 2-37）。

图 2-38　扣完所有布环

④逐一做好所有布环并扣紧按扣（见图 2-38）。

图 2-39　串成彩链

⑤用布环来做创意造型，串成彩链（见图 2-39）。

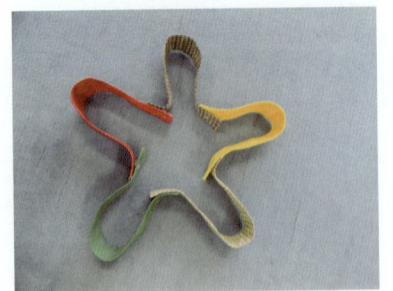

图 2-40　做成五角星造型

⑥用布环来做创意造型，做成五角星等图案（见图 2-40）。

⑦用布环来做创意造型，做成大马路等图案（见图2-41）。最后拆开布环，将布条整齐地放回托盘中。

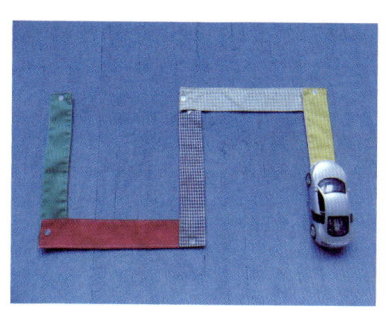

图 2-41　做成大马路造型

（6）适宜年龄：3—4岁。

（7）错误控制：

①在布条的一端缝有凸扣，另一端缝有凹扣。

②布环的两端各有一个标记，扣好布环后能看到两个对应的标记。

（8）注意事项：教师提示幼儿扣好按扣后，看看能否找到两个圆点标记。

（9）变化延伸：

①用布条做多种组合造型。

②为幼儿提供扣纽扣布环的操作材料。

（10）活动反思：

①扣布环的每一条布条上的按扣有正反之分，一头为正，一头为反。幼儿在探索制作"彩链"时，按扣的扣合相对容易完成，而在探索做成五角星和大马路等造型时，如果两条布条上的按扣凸出的和凸出的合在一起，两条布条就扣合不上。当幼儿遇到这种情况时，教师应该引导幼儿观察一套按扣中两个扣头的不同，发现一个扣头为凸出的，一个扣头为凹进去的，再让幼儿进行独立探索。

②当幼儿完成材料探索后，教师应注意引导幼儿将材料在托盘中摆放整齐，其一是布条的按扣全部朝上，其二是所有的布条凸出的扣头放一头，凹进去的扣头放一头，使材料最后形成非常整齐的画面。

③对于能力较强的幼儿，教师还可进一步引导其将一条布条放在手腕处

操作，使材料真正回归到幼儿的真实生活情境中，为他们今后穿衣服时扣扣子打好基础。

案例 2-6

（1）活动名称：拧螺丝。

（2）活动目标：

①对拧螺丝的活动感兴趣，体会操作的快乐。

②感知拧螺丝的正确方法。

③提高两手及手指的协调能力。

（3）材料解读：

①根据幼儿手的力量选择大小适中的塑料螺丝钉及螺丝帽。

②螺丝钉和螺丝帽是相同的颜色。

③应选择质地较硬的卡纸来制作时钟图卡，并粘贴上12个彩色钟点。

（4）材料构成（见图 2-42）：

①螺丝钉，螺丝帽。

②小鱼碗，玻璃小碗。

图 2-42　材料构成

（5）操作步骤：

①将装有螺丝钉和螺丝帽的小碗从托盘中取出（见图 2-43）。

图 2-43　取出材料

②取出螺丝帽及螺丝钉对应排成两行（见图 2-44）。

图 2-44　对应排队

③取出一个螺丝钉（见图 2-45）。

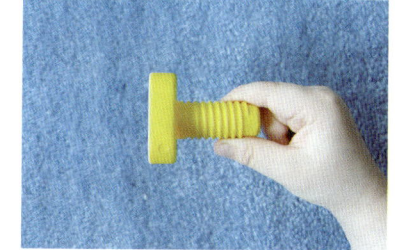

图 2-45　取出一个螺丝钉

④将对应的螺丝钉旋转拧进螺丝帽（见图 2-46）。

图 2-46　将螺丝钉拧入螺丝帽

⑤依次拧完四个螺丝钉（见图 2-47）。

图 2-47　依次对应拧完螺丝钉

图2-48 拧开螺丝帽和螺丝钉

⑥将螺丝帽和螺丝钉拧开并排列（见图2-48）。

图2-49 收放材料

⑦将螺丝钉和螺丝帽分别放回不同的碗里，并收放好材料（见图2-49）。

（6）适宜年龄：3—4岁。

（7）错误控制：

①对应螺丝钉的顶部和螺丝帽的形状相同。

②对应螺丝钉和螺丝帽的颜色相同。

（8）注意事项：操作中，教师要鼓励幼儿更换左右手，完成拧螺丝的动作。

（9）变化延伸：可将比较容易拧的螺丝替换为比较难拧的螺丝。

（10）活动反思：

①在将螺丝钉拧入螺丝帽时，教师应注意引导幼儿先将螺丝钉和螺丝帽对应排列摆放好，再取出对应的螺丝钉和螺丝帽进行拧入练习，以免将不同的螺丝钉和螺丝帽配对错误。修改会给小班幼儿造成一定的难度，易降低幼儿的操作兴趣。

②因为此份材料涉及的配件较多，在幼儿完成材料探索后，教师应注

意引导幼儿将材料在托盘中摆放整齐,螺丝钉和螺丝帽要分别装在不同的碗里。

③为帮助幼儿强化拧物品的动作要点,并培养幼儿持续、专注的学习品质,教师可以用瓶子、螺丝刀来练习,以增强幼儿的兴趣,促进其小肌肉动作的发展。

案例 2-7

(1)活动名称:漏斗倒水。

(2)活动目标:

①喜欢漏斗倒水的活动,体会动手操作的成功和喜悦。

②掌握漏斗倒水的正确方法,培养接水、端水、倒水等生活技能。

③发展手部小肌肉动作的灵敏性及双手动作的协调性。

(3)材料解读:

①漏斗倒水可让幼儿通过游戏提高自我服务能力。

②教师根据幼儿手腕的力量,提供轻便的塑料量杯,便于幼儿操作。

(4)材料构成(见图2-50):

①塑料量杯,漏斗,玻璃瓶。

②托盘。

图 2-50 材料构成

(5)操作步骤:

①取出玻璃瓶及漏斗(见图2-51)。

图 2-51 取出玻璃瓶及漏斗

图 2-52 将漏斗插入瓶中

②将漏斗插入瓶中(见图 2-52)。

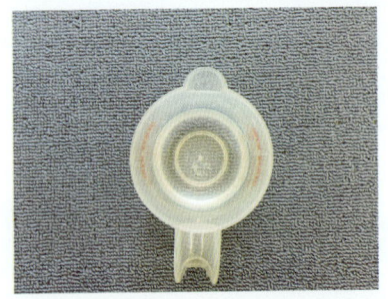

图 2-53 取出量杯装水

③取出量杯装水,水位至贴线处即可(见图 2-53)。

图 2-54 将量杯里的水倒入瓶子里

④将水通过漏斗倒入玻璃瓶子里(见图 2-54)。

图 2-55 将量杯里的水倒完

⑤将量杯里的水倒完(见图 2-55)。

⑥将玻璃瓶子里的水倒回量杯（见图2-56）。

图 2-56　将瓶子里的水倒回量杯

⑦将玻璃瓶子里的水缓缓倒完（见图2-57）。

图 2-57　将瓶子里的水倒完

（6）适宜年龄：3—4 岁。

（7）错误控制：量杯贴有水量线，幼儿取水不超过半杯。

（8）注意事项：教师提醒幼儿不要着急：开小水；端水慢慢走；倒水时慢慢倒。

（9）变化延伸：

①增加难度，如漏斗口变小。

②将倒的材料更换为小米、面粉等。

（10）活动反思：

①由于此份材料涉及的配件较多，为避免配件遗失或出现操作中不必要的问题，教师应注意提醒幼儿按照正确的顺序进行操作。

②倒水环节会考验幼儿握的能力，尤其在倒水的过程中需要一定的手部控制力量，因此教师在进行区域指导时应多关注这一环节，观察幼儿是否缓慢倾倒，如有此问题出现，应提醒幼儿控制手部力量，尽量将水缓缓地倒入瓶中。

案例 2-8

（1）活动名称：扫石子。

（2）活动目标：

①乐意动手参与操作活动，有良好的清洁意识和服务意识。

②掌握双手配合着扫石子的方法和要领。

③能将掌握的技能运用到生活中。

图 2-58　材料构成

（3）材料解读：

①根据小班的年龄特点，设置情景化的操作材料——扫石子。

②准备色彩鲜艳的塑料石子若干，以便小班幼儿操作。

（4）材料构成（见图 2-58）：

①配套的扫把及铲，石子。

②托盘，大碗。

（5）操作步骤：

①从托盘中取出材料（见图 2-59）。

图 2-59　取出材料

②将石子倒入托盘中（见图 2-60）。

图 2-60　将石子倒入托盘中

③取出扫把及铲（见图 2-61）。

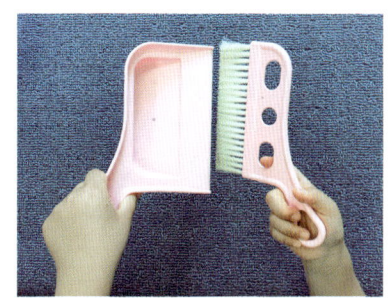

图 2-61　取出扫把及铲

④用正确的方法拿扫把，将石子扫到托盘圆心处（见图 2-62）。

图 2-62　将石子扫到圆心处

⑤将石子扫入铲内（见图 2-63）。

图 2-63　将石子扫入铲内

⑥将铲内石子倒入碗里（见图 2-64）。

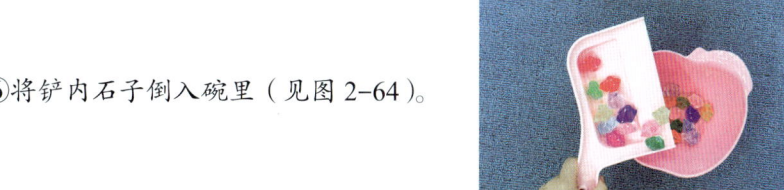

图 2-64　将铲内石子倒入碗里

图2-65 依次扫干净

⑦依次将石子扫完并倒入碗里（见图2-65）。

（6）适宜年龄：3—4岁。

（7）错误控制：托盘贴有圆心，可引导幼儿将石子扫到圆心处集成一堆，再扫入铲内。

（8）注意事项：教师要提醒幼儿不用一次扫完，可分次扫完。

（9）变化延伸：

①可以选择更细小的材料（如花生、大豆、小豆等）供幼儿打扫。

②在日常生活中提供扫把及垃圾铲，让能干的幼儿练习打扫。

（10）活动反思：

①当幼儿操作扫石子材料时，教师可基于观察在必要时引导幼儿先将所有石子扫到圆心处，再将石子扫入铲内，以免将石子扫到托盘外。四处散落的石子不仅会造成一定的安全隐患，也会给小班幼儿的操作带来困扰，降低他们的操作兴趣。

②教师应仔细观察幼儿的实际操作情况，对于能力较强的孩子，可考虑更换更细小的清扫材料供其操作，从而适当增加此份材料的挑战性。

案例2-9

（1）活动名称：插花。

（2）活动目标：

①对插花的活动感兴趣，体会操作的快乐。

②掌握插花的正确方法。

③发展手指力量以及手眼协调能力。

（3）材料解读：

①出于对幼儿安全的考虑，选择大小适中的铁制花瓶，这种花瓶不易打碎。

②提供长短不一的花束，便于幼儿插出花的造型。

③为了让幼儿更好地体会成功感，投放的花束不宜太多。

（4）材料构成（见图2-66）：

①五彩斑斓的花束。

②托盘，花篮，铁制花瓶。

图2-66 材料构成

（5）操作步骤：

①从托盘中取出花瓶（见图2-67）。

图2-67 取出花瓶

②从花篮中取出一支花束（见图2-68）。

图2-68 从花篮中取出一支花束

图 2-69 把花束插入花瓶中

③把花束插入花瓶中（见图 2-69）。

图 2-70 将所有花束插入花瓶中

④把花篮中的所有花束逐一插入花瓶中（见图 2-70）。

图 2-71 完成插花

⑤完成插花（见图 2-71）。

图 2-72 取出花束放入花篮里

⑥从花瓶中取出一支花束放入花篮里（见图 2-72）。

⑦逐一把全部花束从花瓶中拔出,放回花篮中(见图2-73)。

(6)适宜年龄:3—4岁。

(7)错误控制:花瓶的瓶口大小与固定花束的泡沫大小一致,用于稳定花束。

图 2-73　将所有花束放回花篮中

(8)注意事项:在操作中,教师鼓励幼儿根据自己的意愿选择花束来插花。

(9)变化延伸:在幼儿有一定经验之后,可以提供鲜花让幼儿来插。

(10)活动反思:

①在幼儿拿花束时,教师可以提醒幼儿用大拇指、食指和中指三指拿花束,尝试将三指抓的动作技能迁移至此份材料的操作中。

②当幼儿插花时,教师可引导幼儿按照"从中间到两边"的插花方法,在巩固抓、插等动作时渗透美感意识。

③当幼儿完成所有材料操作后,教师要根据幼儿的需要,从艺术角度考虑,为幼儿提供不同种类、配色及造型的花束和花瓶。

案例 2-10

(1)活动名称:漂亮的饰品盒。

(2)活动目标:

①感受饰品盒的民族文化特色及艺术美感。

②练习拉拉链、解扣、拉绳、掰扣子的动作。

③发展手部小肌肉动作的灵敏性和手眼协调能力。

(3)材料解读:

①选择四种不同的饰品盒,便于幼儿学习拉、扣、掰等动作。

②选择质地较厚实的布料饰品盒,保证幼儿的操作安全。

图 2-74 材料构成

（4）材料构成（见图 2-74）：
①钱包，口红盒，镜子盒，首饰布袋。
②布篮子。

图 2-75 取出材料

（5）操作步骤：
①从托盘中取出材料（见图 2-75）。

图 2-76 拿起小钱包

②拿起小钱包（见图 2-76）。

图 2-77 从左往右拉开拉链

③从左往右拉开拉链（见图 2-77）。

④取出口红盒，双手解开盒子的纽扣（见图2-78）。

图2-78　解开口红盒的纽扣

⑤双手拉绳子的两端，用力把饰品袋的口拉紧（见图2-79）。

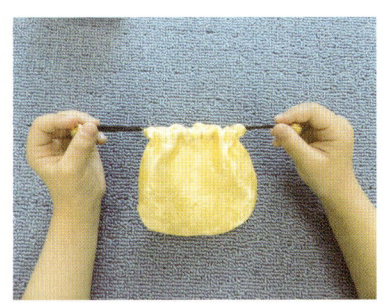

图2-79　双手拉绳子的两端

⑥用不同的方法，打开全部饰品盒（见图2-80）。

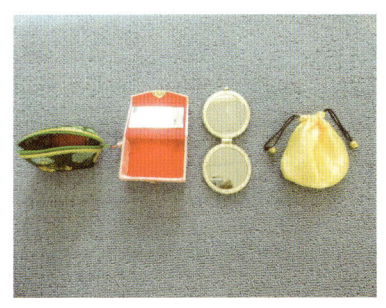

图2-80　打开全部饰品盒

⑦用双手把镜子盒盖好，放回布篮子里（见图2-81）。

图2-81　盖好镜子盒

（6）适宜年龄：3—4岁。

（7）错误控制：错误控制的标记是在盒子拉链、扣子和布袋绳子两端的珠子。

（8）注意事项：

①布料饰品盒比较容易破损，在使用时要轻拿轻放。

②拉钱包的拉链时，不要太用力。

（9）变化延伸：可以将一些饰品装在饰品盒中，让幼儿体验用饰品。

（10）活动反思：

①在幼儿操作材料时，教师观察并提醒幼儿用不同的打开方法进行操作。

②在使用饰品盒时，为避免遗漏相关材料配件，教师应注意引导幼儿遵循从左往右依次进行的操作顺序。

③当幼儿完成所有材料操作后，教师要了解每个幼儿的基本动作发展水平及发展需要，为幼儿提供更有挑战性的材料。

案例 2—11

（1）活动名称：夹包子。

（2）活动目标：

①萌发探索生活用具的兴趣。

②掌握筷子的使用方法，了解夹的基本动作要领。

③发展基本生活技能。

（3）材料解读：

①挑选带有指环的塑料练习筷，便于幼儿初学时使用。

②筷子的前端做了防滑处理，便于幼儿夹东西，获得成功感。

③选择材质柔软、表面略为粗糙的海绵作为包子模型的外皮，使幼儿容易夹住包子。

④模型包子大小适中，便于幼儿用筷子夹。

(4)材料构成(见图2-82):
①儿童练习筷,模型包子。
②托盘,盘子,笼屉。

图2-82 材料构成

(5)操作步骤:

①从托盘中取出材料,将笼屉、筷子、盘子逐一取出,并将笼屉的盖子打开(见图2-83)。

图2-83 取出材料

②拿起筷子,观察筷子上的标记(见图2-84)。

图2-84 观察筷子

③将右手的拇指、食指、中指分别插入标记了1、2、3号的指环中,将无名指贴靠在4号标记的椭圆形凸起处(见图2-85)。

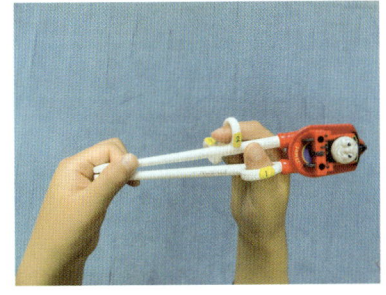

图2-85 将手指套入指环中

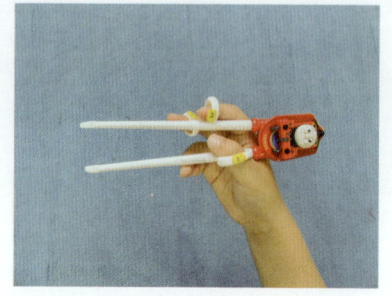

图 2-86 张开、合拢筷子

④练习用手指张开、合拢筷子的动作,尝试使用筷子(见图 2-86)。

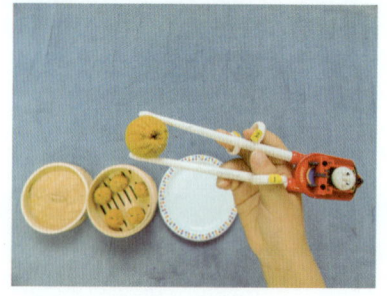

图 2-87 夹取一个包子

⑤用筷子从笼屉中夹取一个包子(见图 2-87)。

图 2-88 将包子放入盘中

⑥用筷子夹住包子放入盘子里(见图 2-88)。

图 2-89 将包子全部夹到盘子里

⑦将笼屉中的包子全部夹到盘子里(见图 2-89)。

(6)适宜年龄:3—4岁。

(7)错误控制:筷子的三个指环上分别标有1、2、3的标记,代表拇指、食指、中指插入的位置,筷子背面标有4的标记,代表无名指的位置。

(8)注意事项:在操作中,教师要提示幼儿勿用力弯曲或反折筷子。

(9)变化延伸:

①尝试练习夹起不同的物体,如花生、豆子等。

②练习使用生活中普通的筷子。

(10)活动反思:

①这份材料可为幼儿后期正确、熟练地使用筷子做准备。握筷夹取的过程可有效锻炼幼儿大拇指、食指、中指的灵活性和力量,这是在为幼儿后续书写中的握笔做能力准备。

②教师除了要观察幼儿操作中的动作外,还应关注幼儿操作时的平稳程度。因为平稳程度反映了幼儿手部力量的控制性,同时从容、淡定的操作也是良好学习品质的可视化表现。观察这些内容,可为教师后续对幼儿进行有针对性的指导提供依据。

案例2-12

(1)活动名称:水果串。

(2)活动目标:

①体验亲自动手制作美食的乐趣。

②掌握用竹签穿制水果串的正确方法。

③提升制作简单美食的水平和审美能力。

(3)材料解读:

①选择外形漂亮、大小均匀的圣女果。

②竹签的长度、硬度要适中,太长在操作过程中容易折断,太软不容易穿过圣女果,还会发生危险。

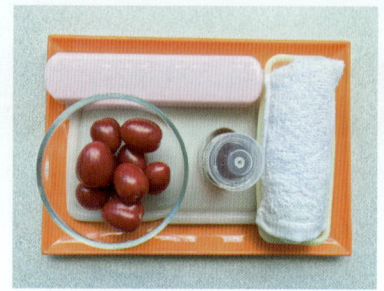

图2-90 材料构成

（4）材料构成（见图2-90）：

①圣女果，食用蜂蜜，小砧板，竹签，小刷子。

②托盘，小盒子，小碗，小抹布。

图2-91 逐一取出材料

（5）操作步骤：

①从托盘中逐一取出材料（见图2-91）。

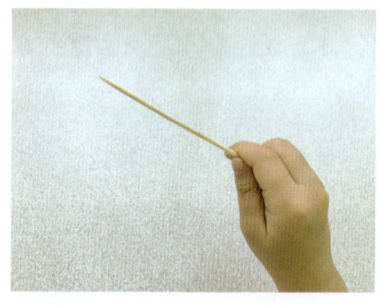

图2-92 取出一根长竹签

②穿厨师服，戴厨师帽，戴清洁口罩，用肥皂洗净双手。从盒子中取出一根长竹签（见图2-92）。

图2-93 穿一个圣女果

③取一个圣女果放在小砧板上。左手按住圣女果，右手将竹签从其中间穿过（见图2-93）。

④用同样的方法，再穿入两个圣女果，穿成一串串的圣女果（见图 2-94）。

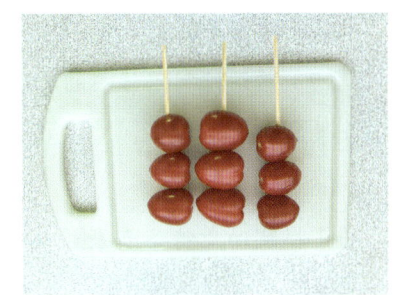

图 2-94　穿成一串串的圣女果

⑤用小刷子蘸上蜂蜜（见图 2-95）。

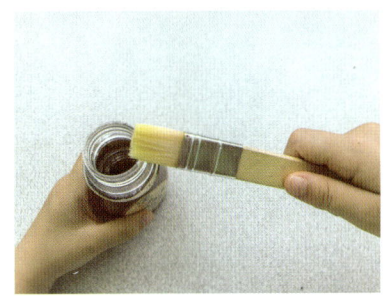

图 2-95　用小刷子蘸蜂蜜

⑥将穿好的圣女果串刷上蜂蜜（见图 2-96）。

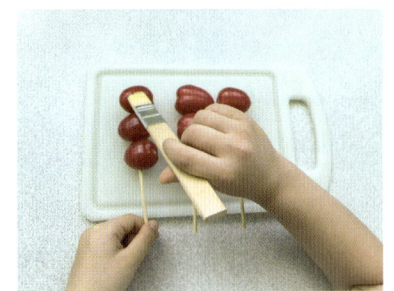

图 2-96　给圣女果刷上蜂蜜

⑦一起分享酸甜可口的圣女果串（见图 2-97），并将使用过的材料洗干净、整理好。

图 2-97　共同分享美食

（6）适宜年龄：3—4岁。

（7）错误控制：竹签的长度为10厘米，正好是幼儿手握的长度加上3个圣女果的长度。

（8）注意事项：

①提醒幼儿将圣女果放在小砧板上，稍稍用力按住再穿，防止圣女果滑落，并将手腕和手指立起来，避免竹签插到手指。

②提醒幼儿用刷子蘸适量的蜂蜜，然后均匀地刷在圣女果上，不要让蜂蜜滴落。

（9）变化延伸：

①选择各种不同的水果串，如菠萝串、山楂串、草莓串等。

②还可以刷上砂糖熬制的糖浆，制作冰糖葫芦。

（10）活动反思：

①这份材料是小班幼儿特别喜欢探索的，因为圣女果相对较小，且皮较滑，对于个别手部精细动作发展较弱的幼儿来说，操作有一定的难度，教师可适当更换、调整材料，选择较大且便于抓取的食物作为插串材料，适当降低材料操作的难度。

②小班幼儿良好的活动常规还未完全建立，面对材料中的蜂蜜等物品，会出现个别幼儿因好奇而用手或公刷品尝的情况，因此教师在介绍这份材料的时候应做必要的说明，帮助幼儿形成良好的区域活动常规。

③教师在活动中还应关注小班幼儿的社会性发展，可以引导每一个完成材料操作的幼儿邀请好朋友品尝水果，发展他们的语言表达能力，提高他们的社会交往能力。

案例2-13

（1）活动名称：剥花生。

（2）活动目标：

①乐意自己动手进行剥花生活动，品尝花生的美味。

②掌握剥壳器的使用方法及剥花生的基本步骤。

③发展动手操作能力和自我服务能力。

（3）材料解读：

①提供简单、易操作的剥花生器具。

②选择的剥壳器不要太锋利，以免幼儿在操作时受伤。

图 2-98　材料构成

（4）材料构成（见图 2-98）：

①熟花生，剥壳器。

②托盘，玻璃碗，竹筐。

（5）操作步骤：

①取出剥壳器，转动安装把手（见图 2-99）。

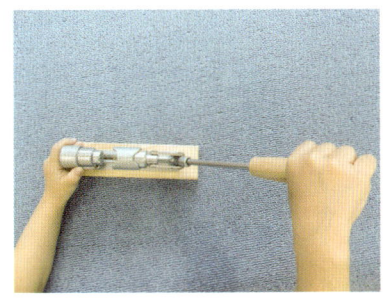

图 2-99　转动安装把手

②从装着花生的玻璃碗里取一颗花生（见图 2-100）。

图 2-100　从碗里取一颗花生

③把花生放入剥壳器的卡槽里，用力压把手来剥花生（见图 2-101）。

图 2-101　用剥壳器剥花生

图 2-102　把花生壳放在竹筐里

④把剥完的花生壳放在竹筐里（见图 2-102）。

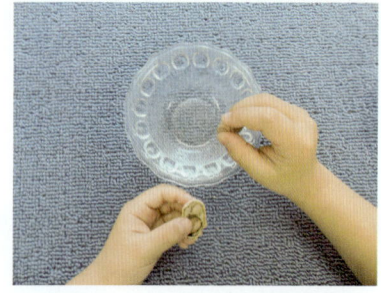

图 2-103　把花生仁放入玻璃碗里

⑤把剥好的花生仁放入玻璃碗里（见图 2-103）。

图 2-104　以相同的方法剥完花生

⑥用同样的方法，把其他花生剥完（见图 2-104）。

图 2-105　把花生壳清理干净

⑦把花生壳清理干净（见图 2-105），然后品尝美味的花生。

（6）适宜年龄：3—4岁。

（7）错误控制：卡槽里画有线条，提示幼儿把花生放入卡槽里。

（8）注意事项：

①当幼儿剥花生时，教师一定要给予观察和指导，以免意外发生。

②剥花生时需要用到的器具在使用前后都要清洗和消毒。

（9）变化延伸：

①可以提供各种不同的剥壳器，让幼儿体验不同的剥法。

②可以提供更多的干果（如核桃、开心果、瓜子等）让幼儿学习剥壳。

（10）活动反思：

①在幼儿使用剥壳器时，教师可以提醒幼儿用左手扶住剥壳器的底座，右手的五指握紧把手。

②在幼儿剥壳时，教师观察并提醒幼儿不要把手放入机身的卡槽里，以免夹伤小手。

③在幼儿操作的过程中，教师应观察幼儿，了解每个幼儿双手配合协调的能力。对于能力较强的幼儿，今后可向其提供硬度更高的食材，以提高其使用剥壳器的能力。

案例2-14

（1）活动名称：榨橙汁。

（2）活动目标：

①乐意自己动手进行水果加工活动，体验榨橙汁的乐趣。

②尝试使用刀具，初步了解压榨橙汁的基本步骤及方法。

③增强动手操作和自我服务的意识。

（3）材料解读：

①提供简单便捷、易于操作的榨橙汁器具。

②选择的刀具不要太锋利，以免幼儿在操作时受伤。

③选择外形圆润均匀、与榨汁器的大小相匹配的新鲜橙子。

图 2-106　材料构成

（4）材料构成（见图 2-106）：
①橙子 2～3 个，榨汁器，水果刀。
②托盘，碗，碟子，杯子。

图 2-107　观察控制线

（5）操作步骤：
①拿起橙子，观察控制线的位置（见图 2-107）。

图 2-108　把橙子切成两半

②将水果刀放于控制线的位置，把橙子切成两半（见图 2-108）。

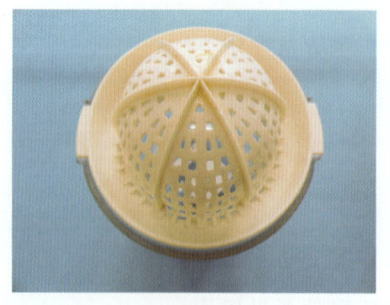

图 2-109　取出榨汁器

③取出榨汁器（见图 2-109）。

④将半个橙子平放在榨汁器上，左手扶住榨汁器的下方，右手按住橙子，用力转动和挤压，直到把橙汁都榨干（见图2-110）。

图 2-110　用力转动橙子榨汁

⑤用同样的方法把另半个橙子榨出汁，将橙子皮放在碗里倒掉（见图2-111）。

图 2-111　把橙子皮放在碗里

⑥拿起榨汁杯，把橙汁倒到小杯子里（见图2-112）。

图 2-112　把橙汁倒到小杯子里

⑦品尝美味的鲜果汁（见图2-113）。

图 2-113　品尝美味的鲜果汁

(6)适宜年龄:3—4岁。

(7)错误控制:在橙子的中间部位贴上(或画上)一条控制线,便于幼儿把橙子切成较均匀的两半。

(8)注意事项:

①幼儿要穿戴厨师服、厨师帽,戴卫生口罩,用肥皂洗净双手。

②在幼儿切橙子时,教师一定要观察和指导,以免幼儿受伤。

③榨橙汁时需要用到的器具在使用前后都要清洗和消毒。

(9)变化延伸:

①提供其他类型的榨汁器,如电动打汁型榨汁机。

②制作不同的水果汁、蔬菜汁,如西瓜汁、苹果汁、番茄汁等。

(10)活动反思:

①在榨橙汁时,教师应注意培养幼儿制作食品时的卫生习惯。在操作前,幼儿要穿好工作服,佩戴好厨师帽及卫生口罩,并洗净双手。

②当所有幼儿完成操作后,教师应了解每个幼儿在生活领域的发展水平及发展需要,为后续提供材料寻找依据。

案例 2-15

(1)活动名称:做汤圆。

(2)活动目标:

①乐意自己动手制作汤圆,并从中体验制作食物的乐趣。

②了解制作汤圆所需要的原材料、基本步骤及制作方法。

③发展双手的灵巧性和控制能力。

(3)材料解读:

①做汤圆的碗、勺、碟应由无毒材料制成,边角光滑。

②选择的米粉要新鲜。

第二章 生活区材料案例

（4）材料构成（见图2-114）：
①米粉，大碗，勺子。
②托盘，碟子。

图2-114 材料构成

（5）操作步骤：
①把材料从托盘中取出，摆放在桌面上（见图2-115）。

图2-115 取出材料

②将湿粉团放在面板上，并把它揉搓成长条形（见图2-116）。

图2-116 把湿粉团揉搓成长条形

③再将长条形粉团均匀地切分成八小份（见图2-117）。

图2-117 把粉团切成八份

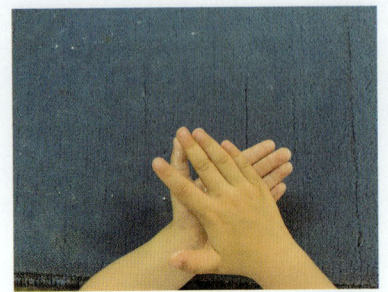

图 2-118　把米粉团圆

④将一份米粉放在手心，按顺时针方向团圆，直到变成光滑的汤圆（见图 2-118）。

图 2-119　将汤圆放在碟子里

⑤将做好的汤圆放在碟子里（见图 2-119）。

图 2-120　完成其余汤圆的制作

⑥逐一将其余米粉团圆，做成光滑的汤圆（见图 2-120）。

图 2-121　品尝美味的汤圆

⑦将汤圆放入烧开的水中煮 6 分钟，捞起后装在碗里。待汤圆晾凉后品尝（见图 2-121）。

（6）适宜年龄：3—4岁。

（7）错误控制：准备适量的粉团。

（8）注意事项：

①幼儿要穿厨师服，戴厨师帽，戴卫生口罩，用肥皂洗净双手。

②煮汤圆时，电饭锅要放在幼儿碰不到的地方，汤圆煮熟后，要晾凉了再让幼儿品尝。

③事先要将米粉和水搅拌揉搓成湿粉团备用。

④制作汤圆的工具在使用前都要清洗和消毒。

（9）变化延伸：煮汤圆时可适当加入白糖，也可往汤圆里包一些豆沙馅料。

（10）活动反思：

①在做汤圆前，教师应注意引导幼儿遵循先将物品按顺序摆放好，再进行制作的原则，以免在制作过程中没有顺序感，发生步骤不清晰的问题，从而降低幼儿对材料的兴趣。

②当幼儿完成所有材料操作后，教师要让幼儿有顺序地收拾整理物品，同时应注意观察，了解每个幼儿在生活领域的发展水平及需要，为后续提供更适宜的材料寻找依据。

案例 2-16

（1）活动名称：制作水果沙拉。

（2）活动目标：

①乐意动手参与生活活动，享受自我服务过程中的愉悦感。

②了解制作水果沙拉的方法与步骤。

③增强使用刀具等用品时的安全意识。

（3）材料解读：

①选择操作简便安全的西餐刀，刀口不能太锋利，以便幼儿安全地使用。

图 2-122　材料构成

②选择环保无毒、易清洗的塑料砧板，大小为：20厘米×30厘米。

③选用当季的水果，保证新鲜，还要考虑水果的颜色、口感、软硬搭配。

（4）材料构成（见图2-122）：

①水果几个，沙拉酱1瓶；砧板，水果刀，小勺子；厨师服，厨师帽，口罩；操作步骤图1份。

②托盘，小碗，小盘。

（5）操作步骤：

①用清水将水果冲洗干净，滤干水分（见图2-123）。

图 2-123　清洗水果

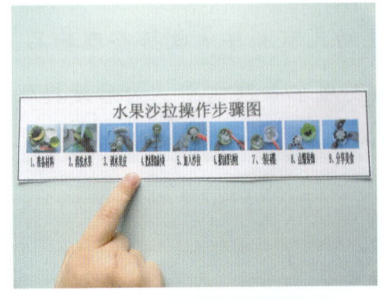

图 2-124　观看操作步骤图

②观看操作步骤图，了解水果沙拉的制作方法（见图2-124）。

图 2-125　剥香蕉皮

③取出两根香蕉，然后将香蕉皮剥掉（见图2-125）。

④一手轻轻地按住香蕉，一手握水果刀，将香蕉均匀地切成几段，放入小碗中（见图2-126）。

图2-126　把香蕉切成小段

⑤往已切成小块的水果中加入沙拉酱（见图2-127）。

图2-127　加入沙拉酱

⑥用勺子把水果和沙拉搅拌均匀（见图2-128）。

图2-128　搅拌水果沙拉

⑦将提子点缀在旁边，摆盘装饰，邀请同伴分享水果沙拉（见图2-129）。

图2-129　摆盘装饰

（6）适宜年龄：3—4岁。

（7）错误控制：提供一份沙拉操作步骤图，幼儿根据图上的提示进行操作。

（8）注意事项：

①在幼儿切水果时，教师要注意提醒幼儿用手紧握刀柄，另一只手与水果刀要保持一定的距离，避免切到手指。

②沙拉开瓶后最好能一次性用完，未用完的沙拉需冷藏。

③操作结束后，教师应将幼儿清洗过的操作材料再次清洗、消毒。

（9）变化延伸：

①增加水果的种类，可以制作三四种水果混合的沙拉。

②提供较硬的水果，如苹果、雪梨，增加幼儿切水果的难度。

（10）活动反思：

①教师应注意培养幼儿良好的卫生习惯：制作前，幼儿要穿好厨师服，戴上厨师帽，戴口罩，然后用洗手液洗净双手等。

②在幼儿拌沙拉时，教师可引导幼儿遵循先易后难的原则。刚开始可选择少量水果及容易切的水果制作水果沙拉，增强幼儿的自信心和成就感，进一步增强幼儿对材料的操作兴趣。

③在装盘时，教师可选用美观的托盘，并注意引导幼儿学习装盘的艺术，增强幼儿制作美食的乐趣。

第二节　中班生活区

经过一年的幼儿园生活，在教师的培养以及家庭的配合教育下，中班幼儿已具备了在园应有的基本生活能力。在介绍中班生活区时，我们根据我国的教育现状，以及《纲要》和《指南》中在生活方面对幼儿的要求，精选了深圳市莲花二村幼儿园17年区域探索成果中的精华,以点带面地为读者呈现怎样为中班幼儿提供生活区材料,从而在小班基础上进一步提升幼儿的生活能力,使之形成良好的生活习惯,为他们后期的学习和生活做好准备。

一、中班生活区材料设计思路

对于中班生活区材料设计,教师注重的是进一步提高中班幼儿的生活自理能力,增强其乐于做自己的事情的愿望。为了达到这一目标,在进行活动设计与材料制作时,教师根据中班幼儿思维更为活跃、有了一定动手能力的特点,选取生活中有一定情境、贴近幼儿生活的事物,牢牢把握区域活动材料所需要具备的特征。通过幼儿重新回顾生活中的经验或丰富生活中的经验来促进其生活能力的提高以及生活习惯的形成。如"瓢虫找妈妈""给娃娃洗澡"等材料,就是基于幼儿在生活中没有机会动手去做的事情。幼儿通过操作这些材料,就可以完成平时父母或其他成人才能做的事情,这样的材料既满足了幼儿的好奇心,也提高了他们的动手能力,从而提升了他们的生活能力。

二、中班生活区材料导航

图2-130呈现的是中班生活区材料导航图。中班幼儿经过小班一年的幼儿园生活,心智与身体都有了较大的发展。因此我们在设计生活区材料时,从小班以故事为背景转换到中班以情境为背景,这种设计让原本枯燥的生活区材料具有了趣味性,能更好地激发中班幼儿操作材料的愿望,提高他们的动手能力,让每个幼儿都养成爱劳动的好习惯。

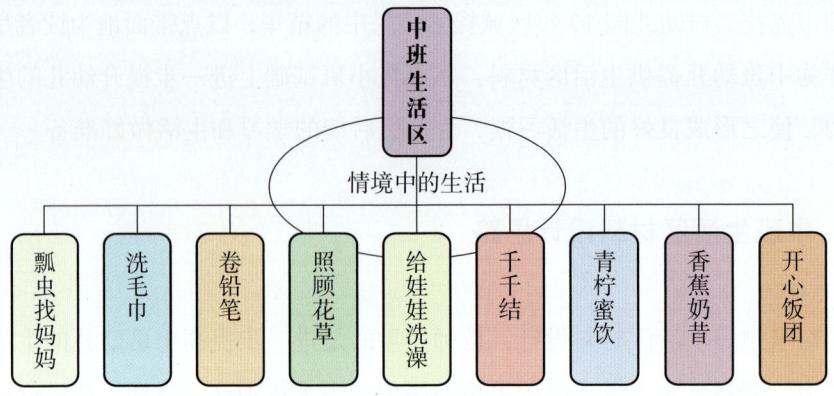

图 2-130 中班生活区材料导航图

三、中班生活区材料案例

案例 2-17

（1）活动名称：瓢虫找妈妈。

（2）活动目标：

①对夹夹子的活动感兴趣，体验动手操作的乐趣。

②掌握夹子的正确使用方法。

③能将学到的技能运用到家务劳动中，发展手指力量以及手眼协调能力。

（3）材料解读：

①根据幼儿手的力量选择大小适中的木质夹子。

②夹子顶端带有一个瓢虫图案，可提示幼儿的大拇指在此处用力。

③应选择质地较硬的卡纸来制作瓢虫图卡，并粘贴上 7 个粉红色控制点，用色彩亮丽的木质苹果树吸引幼儿的兴趣。

（4）材料构成（见图 2-131）：

①瓢虫图卡，瓢虫木夹子。

图 2-131 材料构成

②托盘，小碗。

（5）操作步骤：

①认识夹夹子的位置，即瓢虫图卡上的粉红色点（见图2-132）。

图2-132 认识夹夹子的位置

②从小碗中取一个夹子（见图2-133）。

图2-133 取一个夹子

③用拇指按着夹子上的瓢虫图案，食指和中指放在下面，练习使用小夹子（见图2-134）。

图2-134 练习使用小夹子

④依次把全部夹子都夹上（见图2-135）。

图2-135 依次把夹子都夹上

图 2-136 完成作品

⑤完成作品（见图 2-136）。

图 2-137 取下全部夹子

⑥一只手拿起瓢虫图卡，另一只手将木夹子上下用力取下，取下全部夹子（见图 2-137）。

图 2-138 收起全部材料

⑦收起全部材料，并放回托盘中（见图 2-138）。

（6）适宜年龄：4—5 岁。

（7）错误控制：

①木夹子上的瓢虫图案为大拇指的摆放位置。

②瓢虫图卡上的粉红色点和木夹子的数量相一致。

（8）注意事项：当幼儿顺利完成操作后，教师应该适时鼓励幼儿尝试换一只手完成夹夹子的动作。

（9）变化延伸：提供的夹子，可由比较松的夹子逐步过渡到比较紧的夹子。

（10）活动反思：

①在幼儿使用夹子时，若教师发现有的幼儿不知道手指如何用力将夹子捏开，应该及时提醒幼儿用大拇指按着瓢虫图案，食指和中指在下面，往中间用力，夹子就可以打开。

②在幼儿操作的过程中，教师要提醒幼儿夹夹子时按顺时针方向依次操作，以免出现漏夹的现象。

③在幼儿操作时，教师一定要观察幼儿是否能正确地使用夹子，及时了解每个幼儿在动手能力及手指协调方面的发展水平，为后续提供材料寻找依据。

案例2-18

（1）活动名称：洗毛巾。

（2）活动目标：

①愿意参与力所能及的家务劳动。

②掌握洗毛巾的正确方法，并尝试运用到生活中。

③提高双手的灵活性和做事的条理性。

（3）材料解读：

①选择颜色鲜艳的毛巾和精致小巧、形象可爱的肥皂盒，增强幼儿的兴趣。

②购买带有洗衣板的塑料小盆。

③将肥皂切割成小块，大小要适合幼儿抓握。

（4）材料构成（见图2-139）：

①小肥皂，毛巾，小衣架。

②托盘，小水盆，贝壳碟。

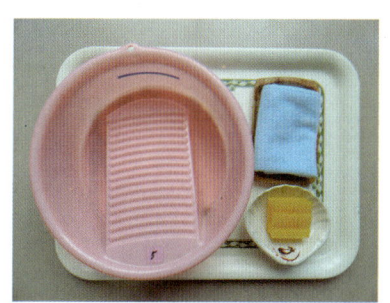

图2-139　材料构成

（5）操作步骤：

① 用小水盆盛水至蓝色的刻度线处（见图 2-140）。

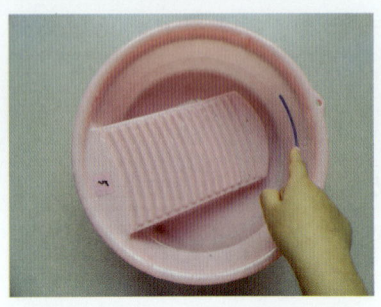

图 2-140　盛水至刻度线处

② 将毛巾浸湿，然后抹上肥皂（见图 2-141）。

图 2-141　将毛巾浸湿并抹上肥皂

③ 在洗衣板上正反两面反复搓洗毛巾（见图 2-142）。

图 2-142　反复搓洗毛巾

④ 拧出毛巾上的肥皂液（见图 2-143）。

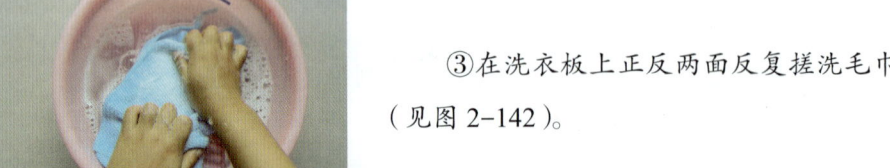

图 2-143　拧出肥皂液

⑤更换一盆清水，然后反复清洗毛巾（见图2-144）。

图2-144　反复清洗毛巾

⑥拧干毛巾上的水分（见图2-145）。

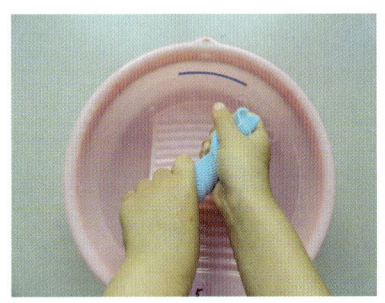

图2-145　拧干毛巾

⑦将洗干净的毛巾晾晒在小衣架上（见图2-146）。

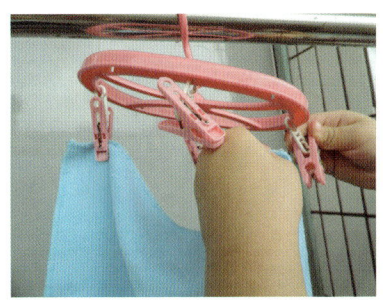

图2-146　晾晒毛巾

（6）适宜年龄：4—5岁。

（7）错误控制：小水盆上有盛水的蓝色刻度线。

（8）注意事项：

①当教师发现有的幼儿不能很好地掌握搓洗技巧的时候，应及时示范搓洗毛巾的动作。

②教师随时提醒幼儿不要抹太多的肥皂，否则难以漂洗干净毛巾。

（9）变化延伸：在后续活动中，幼儿还可以清洗其他简单的衣物，如小衣服、袜子等。

（10）活动反思：

①教师发现，在为毛巾打肥皂时，很多幼儿会出现过多使用肥皂的现象。教师应该讲清楚需要控制肥皂用量的原因，培养幼儿良好的操作习惯。

②在清洗毛巾时，教师要引导幼儿有顺序地进行操作，先洗毛巾的前面，当前面洗干净后，再翻开毛巾的背面搓洗。拧毛巾时，教师要引导幼儿先将毛巾折叠整齐后再拧干毛巾，提高幼儿做事的有序性。

案例 2-19

（1）活动名称：卷铅笔。

（2）活动目标：

①愿意自己动手卷铅笔，体验为他人服务的快乐。

②感知卷笔刀的正确使用方法。

③能双手配合卷铅笔，发展手部小肌肉的协调能力。

（3）材料解读：

①尽量选择单孔的、小巧的卷笔刀，以便幼儿操作。

②应选择比较粗的三角彩色铅笔，以便幼儿抓握。

③铅笔的数量最多不要超过6支。

（4）材料构成（见图2-147）：

①卷笔刀，彩色铅笔5支，笔筒。

②托盘，小碟子。

（5）操作步骤：

①用拇指和食指拿住卷笔刀，观察它的结构（见图2-148）。

图2-147　材料构成

图2-148　观察卷笔刀

②取出一支铅笔（见图2-149）。

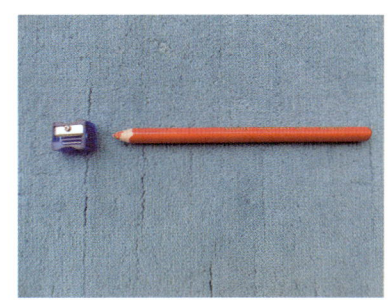

图2-149　取一支铅笔

③一手拿卷笔刀，另一只手将铅笔塞进刀孔中，沿顺时针方向转动卷笔刀，练习卷铅笔（见图2-150）。

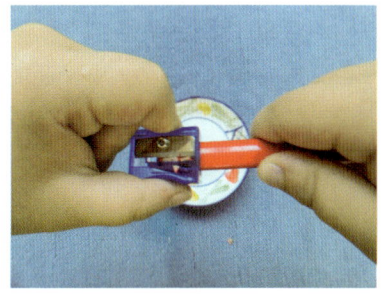

图2-150　卷铅笔

④把卷好的铅笔放回笔筒中（见图2-151）。

图2-151　把铅笔放回笔筒中

⑤逐一卷铅笔（见图2-152）。

图2-152　逐一卷铅笔

图 2-153　卷完全部铅笔

⑥卷完所有的铅笔，并放回笔筒中（见图 2-153）。

图 2-154　清理笔屑

⑦把小碟子中的铅笔屑倒进垃圾桶（见图 2-154）。

（6）适宜年龄：4—5 岁。

（7）错误控制：这份材料的错误控制隐藏在卷笔刀中，只有顺时针旋转才能卷出铅笔屑，反方向则不行。

（8）注意事项：

①在幼儿操作时，教师要提示幼儿大胆地探索如何正确地卷铅笔，找到沿顺时针方向卷铅笔的方法。

②教师及时提醒幼儿不要将铅笔卷得太尖，以防笔尖折断。

（9）变化延伸：彩色铅笔可以换成圆形铅笔或较细的铅笔。

（10）活动反思：

①在幼儿拿铅笔和卷笔刀时，教师可以提醒幼儿分别用左右手的五指拿铅笔和卷笔刀，这样卷铅笔时能够较好地做到用力均匀。

②幼儿在卷铅笔的过程中，应该遵循握卷笔刀的手不动，拿铅笔的手从上往下转动铅笔的原则，这样更容易让幼儿体验成功。

③在幼儿操作时，教师一定要观察幼儿，了解每个幼儿双手配合协调能力的发展情况，以便在后续材料提供中满足更多幼儿的需求。

案例2-20

（1）活动名称：晾衣服。

（2）活动目标：

①愿意积极动手参与力所能及的家务劳动，体验长大的自豪感。

②掌握晾晒衣裤的基本方法和步骤，掌握扣纽扣的技能。

③在日常生活中能大胆运用学到的技能，提高生活自理能力。

（3）材料解读：

①选择小号、防滑的儿童衣架，便于幼儿安全地使用。

②提供幼儿平时穿的衣裤，给幼儿以真实感，激发幼儿练习的兴趣。

（4）材料构成（见图2-155）：

①小号儿童衣架两个，大衣架1个，衣裤1套。

②托盘。

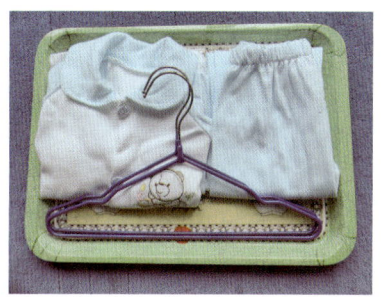

图 2-155　材料构成

（5）操作步骤：

①取出上衣平铺在地毯上，解开衣服的纽扣（见图2-156）。

图 2-156　平铺衣服，解开纽扣

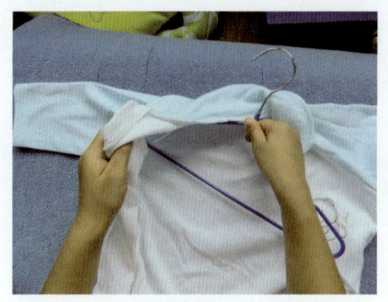

图 2-157　将衣架穿入一只袖子

②手拿衣架的中间部位，将衣架的一端从领口处穿入一只袖子（见图 2-157）。

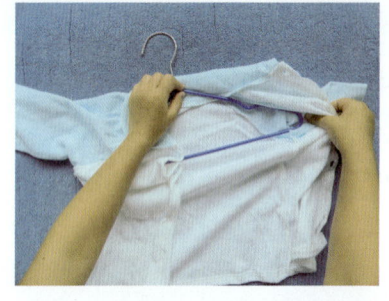

图 2-158　把另一只袖子套进衣架里

③握住穿好衣架的袖子，再把另一只袖子套进衣架里（见图 2-158）。

图 2-159　扣上纽扣

④整理好衣服，扣上纽扣（见图 2-159）。

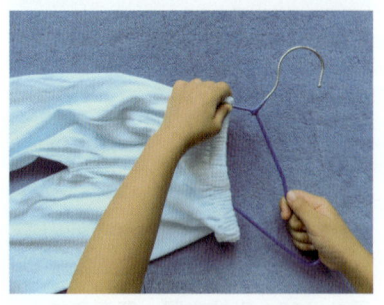

图 2-160　将衣架穿入裤子的左侧

⑤将衣架的一端穿入裤子的左侧（见图 2-160）。

⑥捏住套上衣架的左侧裤腰,再把右侧裤腰套上衣架,将两边拉整齐(见图2-161)。

图2-161　将右侧裤腰套上衣架

⑦把衣裤晾晒在大衣架上(见图2-162)。

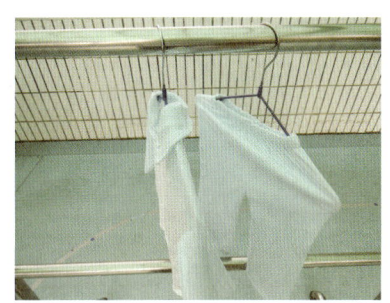

图2-162　把衣裤晾晒在大衣架上

(6)适宜年龄:4—5岁。

(7)错误控制:衣架的两端就是晾晒衣服的两只衣袖和裤腰两边的位置。

(8)注意事项:

①教师要注意提醒幼儿在晾晒一边的衣袖或裤腰时,另一边也要抓紧,不能松开。

②对于能力弱的幼儿,教师可以握住他们的手共同完成操作。

(9)变化延伸:

①可以练习晾晒套头的上衣。

②在家里参与家务劳动,帮家人晾晒衣裤。

(10)活动反思:

①幼儿在操作的过程中会出现里外不分的现象,教师应该及时提醒幼儿先将衣服正面朝上摆放好,再将衣服套上衣架。

②当幼儿因掌握不好晾衣服的要领,反复练习屡不成功时,教师应该适

时介入，以游戏者的身份引导幼儿完成操作，避免幼儿在多次尝试中造成重复的困扰。

③衣服晾好后，教师要及时提醒幼儿有序地将衣服的纽扣逐一扣好，鼓励幼儿有条理地、持续地做事。

案例 2-21

（1）活动名称：照顾花草。

（2）活动目标：

①萌发热爱花草树木、愿意照料小型植物的美好情感。

②了解抹布等清洁用品的使用方法，知道擦洗植物叶片的方法和步骤。

③培养耐心细致的做事态度，发展小手的精细动作。

（3）材料解读：

①选择易于照料的小型盆栽无毒植物，叶片要大、光滑，叶片的边缘无刺。

②选择的喷壶和抹布不要太大，要便于幼儿使用和操作。

（4）材料构成（见图2-163）：

①盆栽植物，喷水壶，小毛巾。

②托盘，小碟子，水盆。

图 2-163　材料构成

（5）操作步骤：

①用小水盆接水至水位线（见图2-164）。

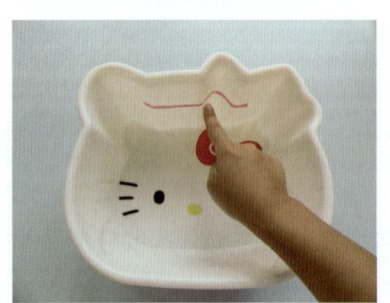

图 2-164　盛水至水位线

②将小毛巾搓洗干净，拧干毛巾，备用（见图2-165）。

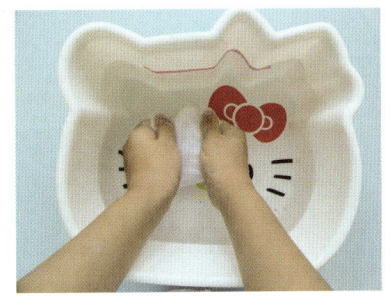

图2-165　搓洗并拧干毛巾

③用喷水壶向植物的叶片喷稀释过的植物清洁液（见图2-166）。

图2-166　喷上清洁液

④左手扶住需要擦洗的叶片，右手拿毛巾轻轻擦去叶片上的灰尘（见图2-167）。

图2-167　擦洗叶片

⑤仔细地将所有的叶片擦洗一遍（见图2-168）。

图2-168　擦洗完所有的叶片

图2-169 清洗并拧干毛巾

⑥清洗毛巾并拧干（见图2-169）。

图2-170 叠好毛巾并放回小碟子

⑦将毛巾叠好，放回小碟子（见图2-170）。

（6）适宜年龄：4—5岁。

（7）错误控制：盆里贴有水位线标记，清洗毛巾时，幼儿按盆里的水位线标记来装水。

（8）注意事项：

①在操作过程中，教师要提醒幼儿注意轻轻地擦拭叶片，爱惜植物。

②在幼儿接水时，教师要及时提醒幼儿注意观察水盆内的水位线提示，以免水过满弄湿衣服。

（9）变化延伸：在生活中，为幼儿提供服务的机会，如浇花、除草、擦桌子、擦椅子。

（10）活动反思：

①幼儿在清洗叶片时，基本上能够遵循从上到下、从正面到背面的清洗顺序。

②幼儿在活动中能够做到轻拿轻擦、耐心细致，幼儿手部的精细动作得

到较好的发展。

③幼儿完成操作后,教师要提醒幼儿检查是否有漏擦的叶子,避免出现漏擦或反复擦的现象,以致降低幼儿对材料的操作兴趣。

案例 2-22

(1)活动名称:给娃娃洗澡。

(2)活动目标:

①体验给娃娃洗澡过程中的辛苦与乐趣,有照顾他人的意愿。

②掌握给娃娃洗澡的正确方法。

③提高自我服务与照顾他人的基本能力。

(3)材料解读:

①选择外形可爱、大小适中的塑胶仿真娃娃。

②选择幼儿喜爱的毛巾、沐浴露等日用品,增强幼儿的兴趣。

③准备合适的小澡盆、防水小围裙、小袖套。

(4)材料构成(见图2-171):

①小娃娃,小澡盆,小瓶沐浴露,小毛巾,大毛巾。

②小托盘,小碟。

图 2-171　材料构成

(5)操作步骤:

①用小澡盆盛水至蓝色的刻度线处(见图2-172)。

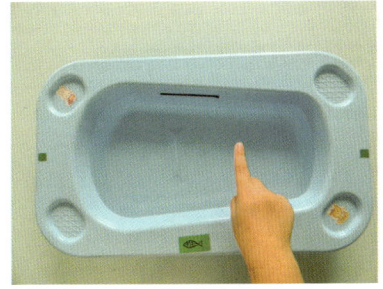

图 2-172　盛水至刻度线处

图 2-173　往水中加入沐浴露

②往水中滴一滴沐浴露并搅匀（见图 2-173）。

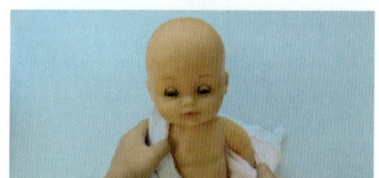

图 2-174　脱下娃娃的衣服

③把娃娃的衣服脱下（见图 2-174）。

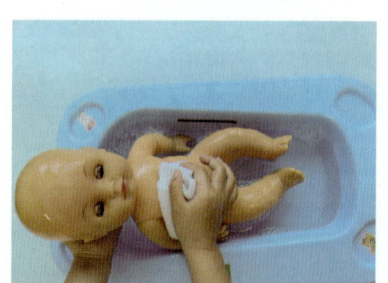

图 2-175　用小毛巾给娃娃洗澡

④左手托住娃娃的颈部，右手拿小毛巾给娃娃洗澡（见图 2-175）。

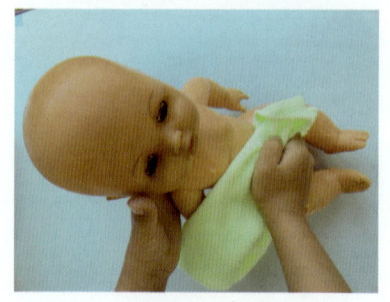

图 2-176　帮娃娃擦干身上的水

⑤从水中抱起娃娃，用大毛巾擦干娃娃身上的水（见图 2-176）。

⑥给娃娃穿上衣服（见图2-177）。

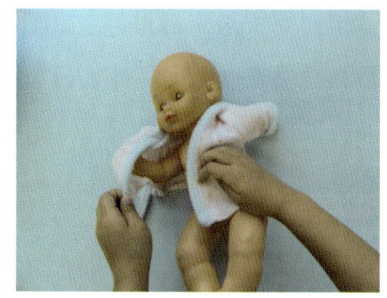

图2-177　给娃娃穿上衣服

⑦用双手托起洗好澡的娃娃（见图2-178）。

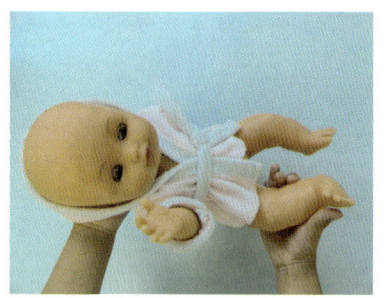

图2-178　托起洗好澡的娃娃

（6）适宜年龄：4—5岁。

（7）错误控制：小澡盆内侧有蓝色盛水刻度线。

（8）注意事项：

①教师要提醒幼儿一次只挤一滴沐浴露。

②当幼儿在操作中抱娃娃的姿势不对时，教师应该及时指导，提醒幼儿用一只手托住娃娃的颈部，不能把娃娃的头部浸入水中。

③活动结束后，教师要提醒幼儿及时整理材料，做到澡盆及娃娃身上不留水渍。

（9）变化延伸：

①幼儿在生活中给自己洗澡，也可帮助家中的弟弟妹妹洗澡。

②鼓励幼儿自己动手清洗毛巾、小件衣物，尝试照顾自己和身边的人。

（10）活动反思：教师应引导幼儿做事有序：给娃娃洗澡时，遵循先左后右、先上后下的顺序；给娃娃脱衣服时，先脱下左衣袖，再脱下右衣袖；给娃娃洗澡时，先洗娃娃的头，再从脖子、左手、右手一直洗到右脚，以免漏洗某些部位。

案例 2-23

（1）活动名称：熨裤子。

（2）活动目标：

①萌发对家务劳动的兴趣和热爱生活的美好情感。

②了解电熨斗的名称和用途，掌握电熨斗的使用方法。

③感知家用电器的使用安全常识，增强安全意识。

（3）材料解读：

①购买专供儿童使用的小型电熨斗。

②选择的烫衣板不要太大，要便于幼儿使用和操作。

③收集幼儿小时候穿过的裤子练习熨烫。

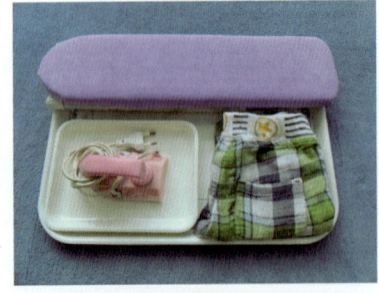

图 2-179　材料构成

（4）材料构成（见图 2-179）：

①电熨斗，烫衣板，裤子。

②托盘，小碟子。

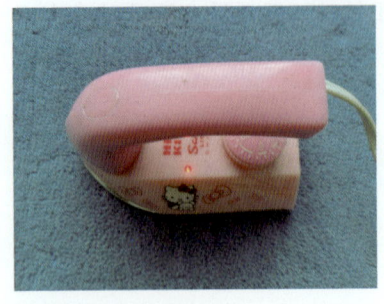

图 2-180　接通电源

（5）操作步骤：

①调节好电熨斗的温度，插上电源，打开开关（见图 2-180）。

②打开裤子将其放在烫衣板上,准备熨烫(见图2-181)。

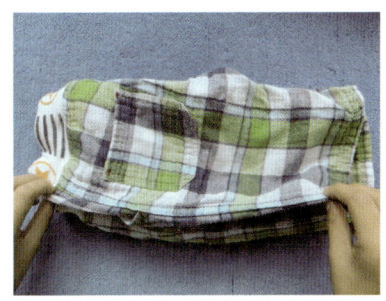

图2-181 打开裤子准备熨烫

③将裤子平铺在烫衣板上,先熨烫裤腰(见图2-182)。

图2-182 先熨烫裤腰

④再熨烫裤裆(见图2-183)。

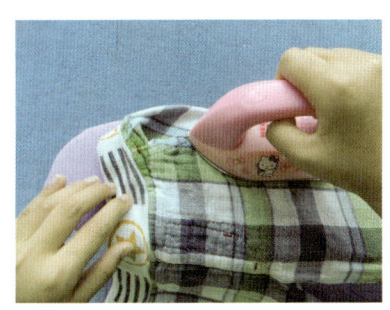

图2-183 再熨烫裤裆

⑤最后熨烫裤腿,来回压紧熨烫裤子(见图2-184)。

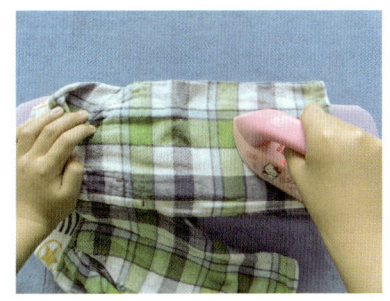

图2-184 最后熨烫裤腿

图 2-185　把熨斗立放在小托盘里

⑥在翻转裤子时,把电熨斗立着放在小托盘里(见图 2-185)。

图 2-186　叠好裤子

⑦将熨烫好的裤子折叠整齐(见图 2-186)。

(6)适宜年龄:4—5 岁。

(7)错误控制:

①电熨斗把手为幼儿手握的位置。

②电熨斗的指示灯亮了之后,才能开始工作。

(8)注意事项:

①操作中,教师提示幼儿一手按住裤子,另一只手推动电熨斗。

②当电熨斗不工作时,教师提醒幼儿及时把电熨斗立起放在小托盘里,避免烫伤和烧焦裤子。

③教师提醒幼儿在操作中一定不要触摸到电熨斗的底部,熨烫结束后,要等待电熨斗完全冷却才能收拾整理。

(9)变化延伸:幼儿有一定经验后,可让幼儿熨烫自己的衣裤、裙子等。

(10)活动反思:

①在幼儿使用电熨斗时,教师要重点观察并提醒幼儿手不要碰到熨斗的

底部，以免烫伤自己。

②幼儿在熨烫裤子的时候，应该掌握正确的熨烫方法，按照先熨烫裤腰，再熨烫裤裆，最后熨烫裤腿的顺序操作，培养做事有序的习惯。

③当所有幼儿完成材料操作后，教师可以根据每个幼儿的现实需要，为其提供更能提高自我服务能力的材料。

案例 2-24

（1）活动名称：千千结。

（2）活动目标：

①愿意发现生活中的美，积极动手装扮环境。

②了解钩针的使用方法，练习双手打结的生活技能。

③发展动手操作能力，培养做事情的持久性。

（3）材料解读：

①选择质地良好的塑料网格，裁剪成约 20 厘米×20 厘米的正方形。

②购买儿童使用的中号钩针，大小刚好可以从格子网中穿过。

③把硬纸板裁剪成幼儿喜欢的爱心形，用于幼儿描画图案，将彩色毛线提前裁剪成 10 厘米左右的线段，用纸筒卷放，便于幼儿抽取。

图 2-187　材料构成

（4）材料构成（见图 2-187）：

①塑料网格，中号儿童钩针，彩色毛线，爱心纸板。

②托盘。

（5）操作步骤：

①取出操作材料并摆放在地毯上（见图 2-188）。

图 2-188　取出材料

图 2-189　描画图案

②用爱心纸板在网格上描画图案（见图 2-189）。

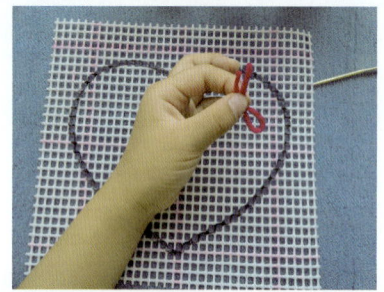

图 2-190　对折毛线

③取出一根喜欢的毛线，将两头对折（见图 2-190）。

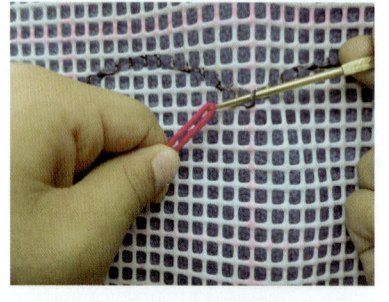

图 2-191　用钩针钩住毛线

④将钩针穿过一个网格，钩住毛线的中间位置（见图 2-191）。

图 2-192　穿过网格

⑤用钩针钩紧毛线穿过网格（见图 2-192）。

⑥两个线头穿出线圈并拉紧成结（见图2-193）。

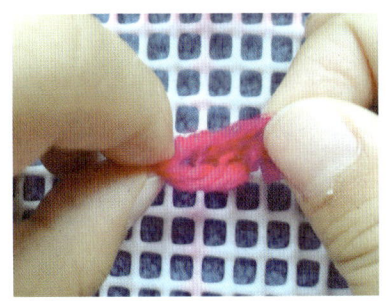

图 2-193　拉住两头打结

⑦用同样的方法沿着爱心图案打结，直至完成作品（见图2-194）。

图 2-194　完整作品展示

（6）适宜年龄：4—5岁。

（7）错误控制：在画有爱心图案的网格里穿线打结。

（8）注意事项：

①在幼儿练习打结时，教师指导幼儿一定要用钩针拉紧毛线的中间部位，这样才能把线拉过网格。

②活动中，教师提醒幼儿每次只穿一个网格，注意不重复和不能忘记打结。

（9）变化延伸：

①可以从单一的颜色逐步过渡到多种颜色组合的千千结。

②鼓励幼儿自己绘制图案，练习打千千结。

（10）活动反思：

①在进行千千结制作时，教师引导幼儿画好心形后，将要打结的线先剪好按顺序在心形卡上摆放好，再逐一取出在心形网格上打结，避免在操作中出现因毛线剪得长短不一而带来的困扰，同时也培养幼儿做事有序的良好

习惯。

②教师根据幼儿的操作情况，了解每个幼儿"双手打结"的水平，并根据每个幼儿不同的发展需要提供后续材料。

案例 2-25

（1）活动名称：十字绣。

（2）活动目标：

①萌发对民间手工艺活动的兴趣，积极动手参与针织活动。

②初步认识毛线针，了解十字绣的正确方法。

③能够安全地使用针线、剪刀，发展手眼协调能力和审美能力。

（3）材料解读：

①选择较粗短的十字绣针，针的尖头是圆的、不锋利的。

②毛线粗细适宜，颜色鲜艳，可激发幼儿刺绣的兴趣。

③选用具有一定硬度的塑料模板，绘制好十字绣的图案，便于幼儿操作。

图 2-195　材料构成

（4）材料构成（见图 2-195）：

①塑料模板，毛线，绣针，针盒。

②托盘，小筐，小碟子。

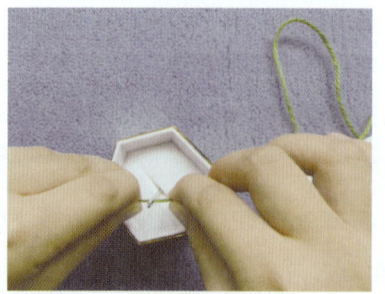

图 2-196　穿好针线

（5）操作步骤：

①取出材料，穿好针线（见图 2-196）。

②拿出有图案的塑料模板,从下往上穿针,向上拉线(见图2-197)。

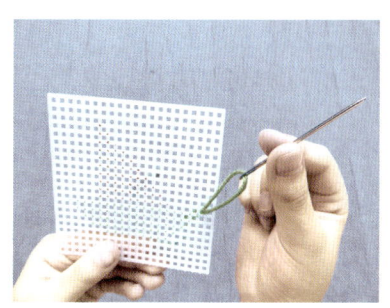

图 2-197　从下往上穿针拉线

③交叉往下穿针拉线,完成一个十字针法(见图2-198)。

图 2-198　完成一个十字针法

④用十字针法一针接一针地刺绣,先用绿毛线绣出船身(见图2-199)。

图 2-199　先绣船身

⑤再用红毛线绣出船帆(见图2-200)。

图 2-200　再绣船帆

图 2-201　在反面收针打结

⑥将模板翻转过来,收针打结(见图 2-201)。

图 2-202　完成十字绣作品

⑦完成十字绣作品(见图 2-202)。

(6)适宜年龄:4—5 岁。

(7)错误控制:

①按塑料模板上绘制的图案进行刺绣。

②毛线的长度正好是绣完的长度加上打结的长度。

(8)注意事项:

①教师提醒幼儿上下穿线和转针时,要注意拉紧毛线。

②教师提示幼儿每一针法都按十字形刺绣,不重复、不漏针。

(9)变化延伸:模板可以选择不同的动物、植物、人物图案。也可以让幼儿自己绘制图案。

(10)活动反思:

①在幼儿穿针时,教师应该注意观察,指导幼儿掌握正确的穿针方法。

②在幼儿进行十字绣的时候,教师要观察幼儿双手的动作协调性,指导幼儿掌握十字绣的正确方法,帮助幼儿体会成功的乐趣。

③当幼儿全部完成材料操作后,教师要记录每个幼儿的实际操作情况,及时调整材料的难易程度,为幼儿提供更适宜的材料。

案例 2-26

(1)活动名称:编织机。

(2)活动目标:

①感受编织活动带来的乐趣,体验成功的喜悦。

②了解编织机的使用方法,尝试用间隔编织的模式进行编织。

③提高双手的协调能力和手指灵活性。

(3)材料解读:

①选择小型的编织机,材质光滑、安全,编织机四周的挂钩稍稍向外弯曲,弹力皮筋挂上后不易脱落。

②选用两种颜色的弹力皮筋,富有弹性,便于幼儿掌握间隔编织的方法。

③选择安全的儿童塑料钩针,钩针不能太锋利。

(4)材料构成(见图 2-203):

①编织机,双色弹力皮筋,儿童塑料钩针。

②小盒子,托盘。

图 2-203　材料构成

(5)操作步骤:

①将材料逐一从托盘中取出(见图 2-204)。

图 2-204　逐一取出材料

图 2-205　将皮筋挂到编织机上

②将弹力皮筋拉开,按照一条粉色、一条紫色的顺序挂在编织机上(见图 2-205)。

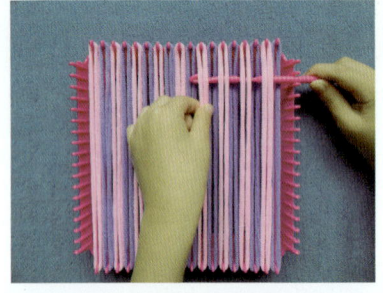

图 2-206　将粉色皮筋挑起来

③用儿童钩针将所有粉色的弹力皮筋挑起来(见图 2-206)。

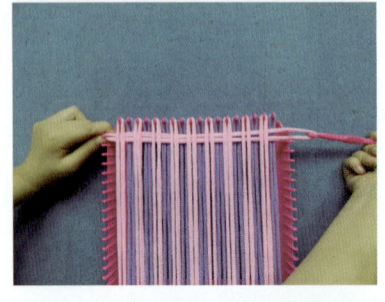

图 2-207　横着编一条粉色皮筋

④用穿过粉色弹力皮筋的钩针钩住另一条粉色弹力皮筋横向编织,并将两端挂在编织机上(见图 2-207)。

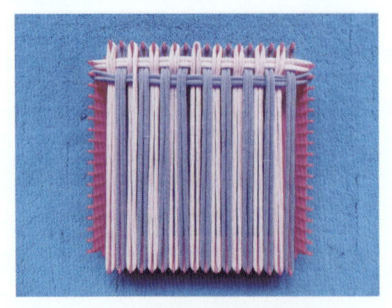

图 2-208　将紫色皮筋横向编织

⑤再用儿童钩针将所有紫色的弹力皮筋挑出来,用同样的方法横向编织(见图 2-208)。

⑥依次按粉色、紫色的顺序间隔进行编织,直到编织机的钩子挂满弹力皮筋(见图2-209)。

图2-209　钩子挂满皮筋

⑦教师帮助幼儿用钩针将编织作品钩边,完成作品(见图2-210)。

图2-210　钩边后完成作品

(6)适宜年龄:4—5岁。

(7)错误控制:用两种颜色的弹力皮筋编织,横向和纵向的效果是粉色和紫色相间。

(8)注意事项:在幼儿操作时,教师提醒幼儿将弹力皮筋按照粉色、紫色两种颜色交替钩挂和编织。

(9)变化延伸:

①引导幼儿用同色的弹力皮筋练习编织,或用五彩绳编织。

②尝试学习使用钩针钩边,自己独立完成作品。

(10)活动反思:

①在操作过程中,由于前后顺序需要有不同颜色的编织皮筋上下交替,粗心或急躁的幼儿很容易出现错误,或因为耐心不够而前功尽弃。因此在活动中,教师应认真观察幼儿的活动情况,如发现幼儿有不能克服的困难或坚

持性受到挑战,要及时介入并进行有针对性的指导。

②在最后一个环节中钩边的步骤略有难度,一般情况下由教师帮助幼儿完成,但对于能力特别强的幼儿及多次参加此活动的幼儿,教师可尝试引导他们自己完成该步骤,实现材料操作的独立性。

案例 2-27

(1) 活动名称:青柠蜜饮。

(2) 活动目标:

①乐于自己动手制作饮料,体验自我服务带来的乐趣。

②学习制作青柠蜜饮的基本步骤及方法。

③发展手眼动作的协调性。

(3) 材料解读:

①选择的压汁器要简单、安全,易于幼儿操作。

②选择的压汁器与小杯子都是不锈钢材质,避免幼儿在操作时将其损坏。

③选择透明的玻璃杯来装青柠蜜饮,便于幼儿观察和操作,避免饮料溢出。

④小杯子带嘴、带把,便于幼儿操作。

⑤选择的青柠大小适中,等于或小于压汁器的压汁口。

⑥选择的压汁器的压汁口要小于小杯子的杯口。

图 2-211 材料构成

(4) 材料构成(见图 2-211):

①清洁、消毒过的压汁器,玻璃壶、玻璃杯1套,小杯子,小夹子,小碗,盘子,小抹布,厨师服、厨师帽,口罩。

②青柠若干,蜂蜜。

③托盘。

（5）操作步骤：

①去食品辅助材料区穿戴厨师服及厨师帽，戴上口罩后用肥皂洗净双手。从托盘中逐一取出材料。用小夹子将青柠取出（见图2-212）。

图 2-212　夹起青柠

②打开压汁器，用小夹子将青柠放入压汁器中（见图2-213）。

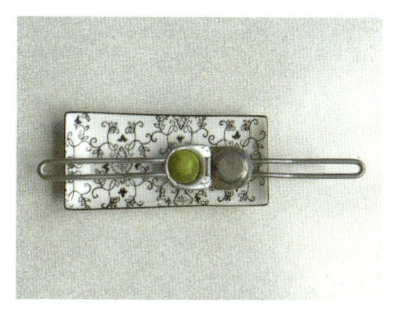

图 2-213　放入压汁器

③对准小杯子，双手合拢压汁器，将果汁挤压出来（见图2-214）。

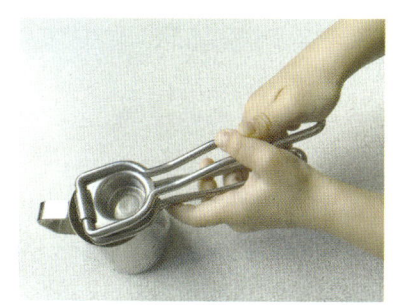

图 2-214　用压汁器压汁

④将压出的青柠汁倒入玻璃壶中（见图2-215）。

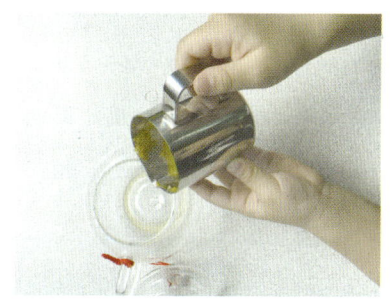

图 2-215　倒青柠汁

图 2-216　加入蜂蜜

⑤加入适量蜂蜜（见图 2-216）。

图 2-217　加入饮用水

⑥加入适量饮用水（见图 2-217）。

图 2-218　品尝饮品

⑦邀请好友品尝，并将使用过的材料洗净、整理（见图 2-218）。

（6）适宜年龄：4—5 岁。

（7）错误控制：压汁器的两个把手上各有一个标记，当双手合拢至与标记相对应时，果汁即可压出。

（8）注意事项：

①制作青柠蜜饮需要用到的器具在使用前都要提前做好清洗和消毒。

②青柠较小又圆，不适合幼儿切开，教师事先要将青柠切成两半。

③材料中包含玻璃制品，需要有教师在场观察和指导幼儿，避免安全事故的发生。

④教师将幼儿清洗过的操作材料再次清洗、消毒。

（9）变化延伸：提供柠檬，让幼儿自制更美味的果汁。

（10）活动反思：

①在设计投放生活区4—5岁阶段的食品区探索材料时，基于幼儿已有一年以上的材料探索经验，材料所涉及的操作步骤相对小班而言要多一些，比如，在青柠蜜饮的制作中就有个人消毒、材料消毒、后续的材料清洗等，所以在材料探索过程中需要幼儿有清晰的条理，还要细心、认真。活动中，教师应重点关注幼儿这些方面的品质，根据不同幼儿操作的实际情况进行不同的指导。

②食品制作的活动比较受幼儿喜爱，也容易引起其他小朋友的关注。活动中，会有其他小朋友围观幼儿的操作，或询问正在操作的幼儿，这些干扰会让操作材料的幼儿忘记活动目的或出现意外，教师应根据具体情况及时介入指导，培养幼儿良好的任务意识。

③饮料制作完成后，教师要关注社会交往能力弱的幼儿，如有需要，要鼓励他们大胆地邀请朋友品尝饮料。

案例2-28

（1）活动名称：切鸡蛋。

（2）活动目标：

①在动手操作中感受自我服务的乐趣和成就感。

②尝试使用简易的家用切蛋器，掌握使用方法及要领。

③锻炼手指的灵活性和手部肌肉的力量。

（3）材料解读：

①选择的切蛋器要安全卫生，使用简便，适合4—5岁的幼儿操作。

②勺子应注意选择扁平一些的，便于幼儿舀起切好的鸡蛋片。

③购买或制作面料舒适透气的厨师服和厨师帽，大小适中。

（4）材料构成（见图2-219）：

①切蛋器，小勺子，厨师服，厨师帽，口罩，煮熟的鸡蛋1～2个。

②托盘1个，碗碟4个。

图2-219　材料构成

图2-220　逐一取出材料

（5）操作步骤：

①穿戴好厨师服、帽子和口罩，用肥皂洗净双手后逐一取出所有材料（见图2-220）。

图2-221　剥鸡蛋壳

②敲碎鸡蛋，将鸡蛋壳剥干净（见图2-221）。

图2-222　将鸡蛋放入凹槽

③打开切蛋器，将去壳的鸡蛋放入凹槽内，摆正位置（见图2-222）。

④盖上切蛋器，将双手的拇指放在切蛋器的黄色圆点上，用力按下（见图2-223）。

图 2-223　按住黄点切鸡蛋

⑤用勺子将切好的鸡蛋舀出（见图2-224）。

图 2-224　舀出鸡蛋

⑥放入小碟中，再摆好鸡蛋拼盘（见图2-225），并与同伴一起分享鸡蛋。

图 2-225　摆鸡蛋拼盘

⑦倒掉蛋壳，洗净、整理使用过的材料（见图2-226）。

图 2-226　整理操作材料

（6）适宜年龄：4—5岁。

（7）错误控制：切蛋器正面的左右角各有一个黄色圆点，是拇指按的地方。

（8）注意事项：

①在切鸡蛋时，教师要注意提醒幼儿双手握拳，只留出大拇指按压切蛋器，避免压伤其他手指。

②当幼儿制作的鸡蛋压片不均匀时，教师应及时提醒幼儿将鸡蛋放入凹槽后摆正，保证压出的蛋片均匀。

③操作结束后，教师再次对操作材料进行清洗和消毒。

（9）变化延伸：选择各种不同的切蛋器，变化各种造型。

（10）活动反思：

①食品工作的头等大事是安全与卫生。在幼儿操作材料时，教师应注意观察一下熟鸡蛋的新鲜程度，如果出现鸡蛋变质或不是特别新鲜的情况，应及时更换熟鸡蛋。

②幼儿在操作过程中，需要用勺子将切好的鸡蛋取出来。有的幼儿喜欢将手放在切鸡蛋的钢丝边协助取出鸡蛋片，这样很容易被锋利的钢片弄伤。活动时教师一定要注意增强幼儿的安全意识，发现这一现象应该及时制止。

③培养幼儿有始有终的良好操作习惯是形成良好学习品质的前提。在这一活动中，分享在前，倒蛋壳在后，有部分幼儿分享完鸡蛋后会忘记倒蛋壳，教师一定要提醒幼儿完成所有操作步骤。教师也可根据班级幼儿的操作情况，将分享鸡蛋与倒蛋壳两个步骤的顺序进行调换。

案例2-29

（1）活动名称：香蕉奶昔。

（2）活动目标：

①乐意自己动手制作美食并从中体验自我服务的乐趣。

②学习制作香蕉奶昔的基本步骤及方法。

③增强使用刀具的安全意识，提高手眼的协调性。

（3）材料解读：

①选择的食物料理机简单、安全，易于幼儿操作。

②食物料理机的底座带有吸盘，操作时更牢固、安全。

③选择透明的玻璃杯，便于幼儿观察、操作，避免饮料溢出。

④选择的刀具不要太锋利，把手要长，避免幼儿被割伤。

（4）材料构成（见图2-227）：

①清洁、消毒过的食物料理机，玻璃杯1套，小刀子，小叉子，小碗，塑料砧板，盘子，小抹布，厨师服，厨师帽，口罩。

②奶1盒，香蕉1根。

③托盘。

图2-227 材料构成

（5）操作步骤：

①去食品辅助材料区穿戴厨师服及厨师帽，戴上口罩，用肥皂洗净双手后将材料逐一取出（见图2-228）。

图2-228 逐一取出材料

②将洗净的香蕉在砧板上切成小段（见图2-229）。

图2-229 切香蕉

图 2-230　倒入牛奶

③把香蕉剥皮,然后将果肉放在料理机的瓶子中并倒入牛奶(见图 2-230)。

图 2-231　拧紧瓶盖

④将料理机瓶子的盖子盖好并拧紧(见图 2-231)。

图 2-232　对准标记

⑤将瓶盖上的三角形标记对准料理机上的锁头开锁标记,按下并拧至锁头锁紧标记的位置(见图 2-232)。

图 2-233　打开电源开关

⑥确定瓶身与料理机拧紧后,打开电源开关,制作香蕉奶昔(见图 2-233)。

⑦将制作好的香蕉奶昔倒入玻璃杯中，邀请好友饮用（见图2-234）。然后洗净、整理使用过的材料。

图 2-234　分享奶昔

（6）适宜年龄：4—5岁。

（7）错误控制：

①瓶盖上标有三角形标记，料理机上有锁头开锁标记及锁头锁紧标记，标记相对应时才可以转动瓶身，拧紧瓶子。

②将瓶身从料理机上开锁的位置转至锁紧的位置，料理机才会进入工作状态。

（8）注意事项：

①食物料理机和杯子在使用前都需要清洗和消毒。

②在幼儿拧好料理机的盖子后，需要教师再次拧紧，以确保料理机能正常、安全地使用。

③材料中包含玻璃制品及刀具，需要有教师在现场观察和指导幼儿，避免安全事故的发生。

④教师应该提醒幼儿，在操作中注意观察，瓶盖上的三角形标记与料理机上的锁头开锁标记相对应时，才可以打开电源。

⑤操作完成后，教师应该将幼儿清洗过的操作材料再次进行清洗、消毒。

（9）变化延伸：教师可以提供更多的食材让幼儿进行尝试，如牛油果、草莓、淮山药、红薯等。

（10）活动反思：

①该活动涉及用电问题，因此在活动前教师应对幼儿开展安全用电方面的教育，在环境创设时也要考虑电源开关的高度与幼儿身高的关系，以便幼儿进行操作。

②由于料理机使用的时间长短有限制,因此当能力弱的幼儿探索此材料时,教师要关注机器开动与关闭的时间,以免幼儿忘记操作目的,打开机器的时间过长或出现意外。教师也可为能力弱的幼儿增设计时器,让幼儿更好地掌握时间。

案例 2-30

(1) 活动名称：开心饭团。

(2) 活动目标：

①乐意自己动手制作饭团,并从中体验制作成功带来的快乐。

②了解制作饭团需要的原材料,知道基本的步骤及方法。

③发展双手的灵巧性和控制能力。

(3) 材料解读：

①选择的饭团模具形象可爱,质地无毒,边角光滑。

②选择的食材要新鲜,米饭事先煮熟、备用。

图 2-235　材料构成

(4) 材料构成（见图 2-235）：

①大米饭,玉米粒,胡萝卜粒,葡萄干,紫菜片,沙拉酱,小饭桶,小玻璃瓶,小勺子。

②托盘,小碟,碗。

图 2-236　逐一取出材料

(5) 操作步骤：

①去食品辅助材料区穿戴厨师服和厨师帽,戴上口罩,用肥皂洗净双手后将材料逐一取出（见图 2-236）。

②用小勺往饭团模具里盛满米饭（见图2-237）。

图2-237　往模具里盛满米饭

③添加玉米粒、胡萝卜粒、葡萄干等配料（见图2-238）。

图2-238　添加配料

④加入少量沙拉酱，让饭团更加美味（见图2-239）。

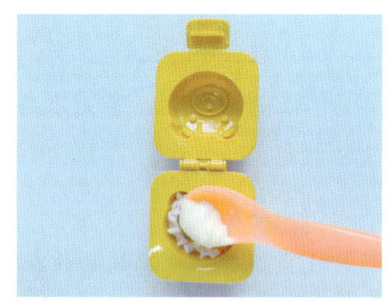

图2-239　加入沙拉酱

⑤往配料上面添米饭，并用力压实（见图2-240）。

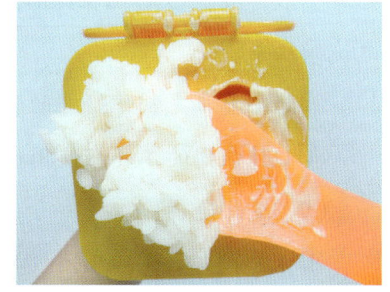

图2-240　添米饭并压实

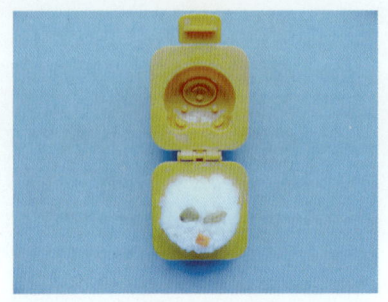

图 2-241　点缀眼睛和嘴巴

⑥在饭团上用食材粒点缀眼睛和嘴巴，让饭团变得更可爱、有趣（见图 2-241）。

图 2-242　把饭团摆放在碟子里

⑦逐一把饭团取出，摆放在碟子里（见图 2-242），与好友分享。

（6）适宜年龄：4—5 岁。

（7）错误控制：事先准备的材料要适量，玉米粒、胡萝卜粒、葡萄干大小相同。

（8）注意事项：

①煮饭时，电饭锅要放在幼儿碰不到的地方，米饭煮熟后，要等米饭凉了再让幼儿制作饭团。

②教师要提醒幼儿在操作前穿好厨师服，戴上厨师帽，戴上口罩，用肥皂洗净双手。

③幼儿要事先制作好辅助食材备用。

④制作饭团的工具在使用前需要彻底清洗和消毒。

（9）变化延伸：

①可寻找更多样的饭团模具，如动物形状、几何形状的模具。

②材料也可以多样化，如添加水果、肉松等辅助食材。

（10）活动反思：

①幼儿在做饭团前，应该遵循先将制作饭团的模具、米饭、辅助食材按顺序摆放好，再进行操作的原则。在活动中，教师要引导幼儿按照操作步骤有序地进行饭团制作，在分享中感受成功的喜悦。

②在幼儿制作饭团的过程中，他们双手的灵巧性和手掌的控制能力都得到了较好的发展，教师应针对部分幼儿在活动中出现的问题及时调整材料的难度，让材料发挥最大的教育功能。

案例 2-31

（1）活动名称：包饺子。

（2）活动目标：

①萌发对饺子文化的兴趣，体验亲自动手烹饪美食带来的乐趣。

②初步掌握包饺子的正确方法，尝试使用包饺器包饺子。

③通过包、蒸等操作活动，养成做事有条理的好习惯。

（3）材料解读：

①选择安全、操作简单的电蒸锅，便于幼儿使用。

②选择PE材质的包饺器，无毒、无味、安全，操作简便。

③包饺器两边有小把手，当幼儿合拢饺子时轻轻按压把手，包饺器边缘的齿轮会将饺子皮压紧，自动成型。

（4）材料构成（见图2-243）：

①清洁并消毒过的电蒸锅、包饺器，勺子，杯子，小抹布，调好味的饺子馅1碗，饺子皮若干。

②托盘，小碗，碟子。

图 2-243　材料构成

（5）操作步骤：

图2-244　逐一取出材料

①去食品辅助材料区穿戴厨师服及厨师帽，戴上口罩后用肥皂洗净双手，并将材料逐一取出（见图2-244）。

图2-245　将肉馅放在饺子皮中央

②打开包饺器，将一张饺子皮放入模具中，再用勺子舀一勺肉馅放在饺子皮中央（见图2-245）。

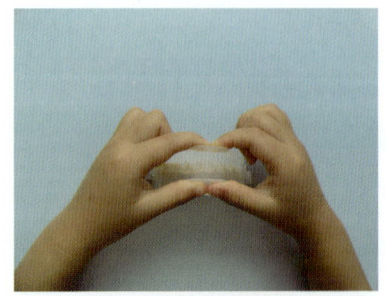

图2-246　合拢、捏紧包饺器

③用双手捏住包饺器两边的小把手，轻轻合拢、捏紧包饺器，打开模具，取出包好的饺子，放入笼屉中（见图2-246）。

图2-247　将水倒入电蒸锅

④打开电蒸锅的盖子，倒入适量的水（见图2-247）。

第二章 生活区材料案例

⑤将放满饺子的笼屉放在电蒸锅上,盖好盖子(见图2-248)。

图2-248 盖好盖子

⑥插上电源,然后将旋钮拧至标记处(见图2-249)。

图2-249 将旋钮拧至标记处

⑦饺子蒸好后,小心地打开盖子,稍冷却一会儿,用勺子将饺子舀至碗中,享受美味的蒸饺(见图2-250)。

图2-250 品尝美食

(6)适宜年龄:4—5岁。

(7)错误控制:

①在杯子容量的80毫升处设计一条明显的标记线。

②电蒸锅的旋钮和锅身上各做一个标记,蒸饺子时需要将旋钮旋转至锅身的标记处。

③一勺肉馅刚好是包一个饺子的馅量。

（8）注意事项：

①在蒸饺子的过程中，教师要提醒幼儿远离电蒸锅，避免被蒸汽烫伤。

②教师随时提醒幼儿，饺子皮和肉馅都要放在中间的位置，保证包出的饺子均匀、结实。

（9）变化延伸：

①调制不同风味的馅料，包韭菜猪肉饺、白菜猪肉饺、素菜饺等。

②尝试煮水饺。

（10）活动反思：

①由于有的幼儿手的力量不够强，用包饺器合拢饺子皮时，容易出现饺子皮张口的现象，因此，教师可引导幼儿放一小碗水在一旁，合拢前将饺子皮的边缘抹一些水，增加其黏合性。

②对于多次操作过包饺器的幼儿，教师可引导他们直接尝试用手来捏拢饺子皮。

③饺子是深受我国汉族人民喜爱的传统特色食品，而且饺子这一食品中蕴含着中国传统文化，比如，过春节吃饺子意味着大吉大利，饺子的形状像元宝，包饺子意味着包住福运，等等。在幼儿完成材料操作后，教师可以引导他们了解中华传统文化，使其成为传统文化的传承者。

案例 2-32

（1）活动名称：手擀面。

（2）活动目标：

①通过制作手擀面的活动，体验中国传统美食文化。

②掌握制作手擀面的基本步骤。

③发展手指控制能力及手眼协调一致的能力。

（3）材料解读：

①选择的擀面杖及切刀为PE材质，安全、卫生，操作简单，便于幼儿使用。

②选择的鸡蛋大小适中且一致，打成蛋液后约40毫升。

③选择的勺子大小适中，所盛出的面粉与鸡蛋液比例合适。

（4）材料构成（见图2-251）：

①清洁、消毒后的大碗，塑料切刀，垫板，密封袋，勺子，小抹布，厨师服，厨师帽，口罩。

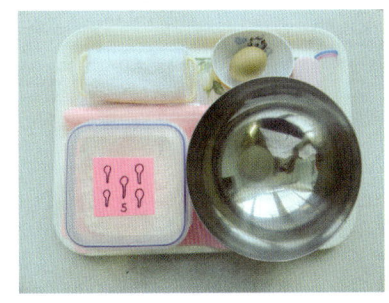

图2-251　材料构成

②生鸡蛋1个，面粉若干。

③托盘。

（5）操作步骤：

①去食品辅助材料区穿戴厨师服和厨师帽，戴上口罩，用肥皂洗净双手。然后将材料逐一取出（见图2-252）。

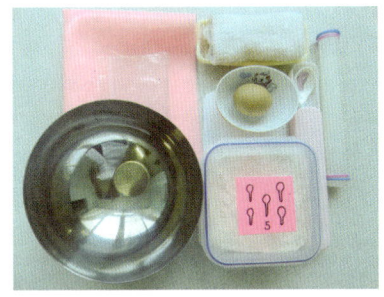

图2-252　逐一取出材料

②从面粉盒里用勺子舀出5勺面粉倒入大碗，再将鸡蛋敲碎后打入大碗内，用勺子将面粉和鸡蛋液搅拌均匀（见图2-253）。

图2-253　搅拌均匀

③用手和面，将面粉揉成面团（见图2-254）。

图2-254　和面

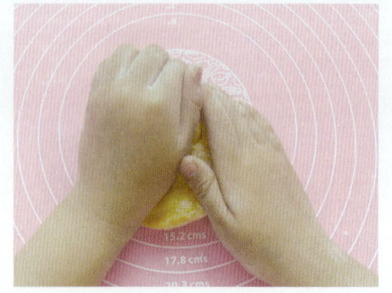

图 2-255　揉面

④将面团放在垫板上用力地揉搓（见图 2-255）。

图 2-256　擀面

⑤将面团压扁，取出擀面杖，两手按住擀面杖的两端，将面团擀成薄片（见图 2-256）。

图 2-257　切面

⑥用切刀将擀好的薄面皮切成条状（见图 2-257）。

图 2-258　装袋密封

⑦在切好的面条上撒上面粉，将密封袋打开，把面条放进去，封好密封袋放入冰箱保存（见图 2-258）。最后，洗净、整理使用过的材料。

（6）适宜年龄：4—5岁。

（7）错误控制：

①在面粉盒的盖子上做好5个勺子的标记。

②擀面杖的两端套有薄、厚两种项圈，可控制面皮的厚度。

（8）注意事项：

①在幼儿操作前，教师要检查幼儿用勺子舀出的面粉和鸡蛋液的比例是否合适。

②活动中，教师要提醒幼儿将面团揉好后再进行下一步的操作。

③操作结束后，教师要将幼儿清洗过的操作材料再次进行清洗、消毒。

（9）变化延伸：调制不同风味的面皮，并尝试煮面条。

（10）活动反思：

①在这一活动中无论揉面还是擀面，都需要幼儿的手腕有一定的力道，因此，教师应在活动前判断参加活动的幼儿手部的发展情况，在幼儿活动时据此进行适宜的指导。

②这一操作材料不涉及加水，因此在面粉的选择上，教师应事先进行探索，选择投放适量的面粉，以增加幼儿探索中的成功机会，增强其自信心。

③对于能力强的幼儿，教师可引导他们将此活动与煮面条活动同时开展，让他们在一次活动中既可以制作面条，也可以品尝面条。

第三节　大班生活区

在小班与中班材料探索的基础上，通过一日活动中各生活环节的学习与发展，大班幼儿的生活自理能力已基本具备并日渐成熟，教师应向他们提出更高的要求，从自我服务提升到为他人服务的层面。在介绍大班生活区时，我们精选了深圳市莲花二村幼儿园 17 年区域探索成果中有关助人为乐、服务他人等内容的优秀案例，让读者了解如何在大班生活区为幼儿创设更为适宜且操作性强的探索材料，以此促使大班幼儿形成良好的生活习惯、科学的生活规律，提高其自我服务及为他人服务的生活能力。

一、大班生活区材料设计思路

在进行大班生活区材料设计时，教师以提高幼儿为他人服务的意识与能力为基点，在理念上以真实生活为背景，让幼儿通过操作更为真实的探索材料，在区域中体验在家里看到的爷爷奶奶、爸爸妈妈所做过的家务或事情，在亲手探索操作材料中，感受自己的成长，为自己的能力而自豪，从而激发他们乐于动手、善于动手的愿望与能力，在区域活动中产生为他人服务的愿望。综上所述，我们可以看出大班生活区材料最为显著的特点就是真实生活的再现，如"刨瓜皮"这一材料，我们就是提供真实的刨子、青瓜，通过材料的操作设计，幼儿用平时家长轻易不让用的刨子，亲手操作青瓜，将青瓜皮刮干净，用真实的小刀将瓜切成块状，然后调味并品尝自己制作的凉拌青瓜。在这一过程中，幼儿通过操作、探索材料吃到了平时由家长制作的食物，这种自己独立完成制作食物的过程，会让幼儿从心底涌起一种"我真能干"的自豪感，同时也更好地激发了幼儿的操作兴趣，进一步加深了他们对生活区材料的了解，增强其学习的愿望。

二、大班生活区材料导航

通过大班生活区材料导航图（见图 2-259），我们看到的更多的是人们生活中真实的材料名称，而操作这些材料所需的技能就是人们维持日常生活必需的基本技能。大班生活区材料更具有真实性、实用性，幼儿通过探索材料，可促进自身生活技能的发展，并形成良好的生活品质。

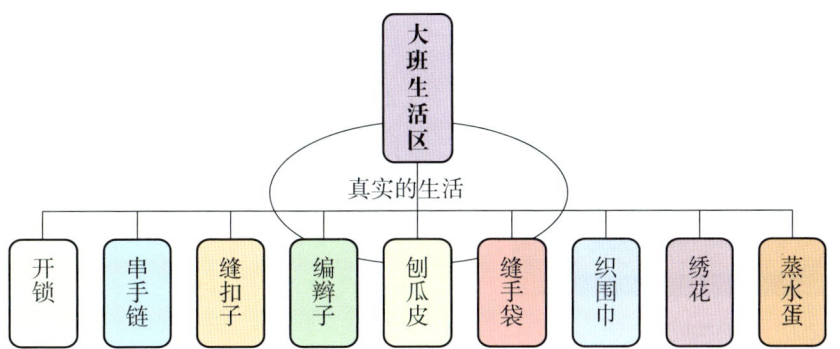

图 2-259　大班生活区导航图

三、大班生活区材料案例

案例 2-33

（1）活动名称：七彩小鱼。

（2）活动目标：

①在动手操作扣纽扣的过程中，自我服务意识逐渐增强。

②初步掌握扣纽扣的正确方法。

③发展双手配合能力及手眼协调能力。

（3）材料解读：

①选择软硬适中、不易褶皱的布料，制作小鱼的底板及圆形鳞片。

②提供便于幼儿操作的圆形纽扣，数量不宜过多。

③将纽扣提前缝制在小鱼的底板上。

④小鱼上纽扣的大小与鳞片上扣眼的大小相吻合。

图 2-260　材料构成

（4）材料构成（见图 2-260）：

①布艺小鱼，圆形鳞片。

②托盘，小盒子。

图 2-261　鳞片和纽扣相对应

（5）操作步骤：

①拿起一片蓝色的鳞片，对应找到蓝色的纽扣（见图 2-261）。

图 2-262　对准扣眼扣纽扣

②对准鳞片上的扣眼扣纽扣（见图 2-262）。

图 2-263　扣好一片鳞片

③对准纽扣扣好一片鳞片（见图 2-263）。

④选择对应颜色依次扣鳞片（见图2-264）。

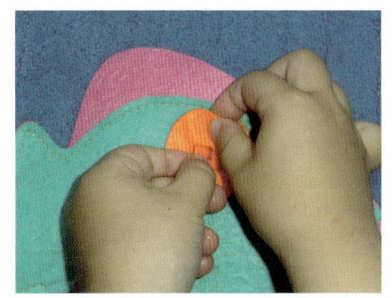

图2-264　对应颜色扣鳞片

⑤对应其他颜色，逐一扣完剩余的鳞片，完成七彩小鱼（见图2-265）。

图2-265　完成七彩小鱼

⑥依次把鳞片从扣子中解开（见图2-266）。

图2-266　依次把鳞片解开

⑦逐一将全部鳞片放回小盒子中（见图2-267）。

图2-267　将鳞片放回小盒子中

（6）适宜年龄：5—6岁。

（7）错误控制：纽扣的颜色和鳞片的颜色相匹配。

（8）注意事项：

①操作过程中，注意提醒幼儿检查鳞片的颜色与纽扣的颜色是否一致。

②教师可用相机记录幼儿完成后的七彩小鱼。

（9）变化延伸：

①布艺图案可以换成其他的动物图案或植物图案。

②增加难度，让幼儿练习扣各种形状的纽扣。

（10）活动反思：

①在幼儿扣扣子时，教师要注意提醒幼儿找到颜色相同的扣子，按顺时针方向进行操作，以免漏扣扣子。

②活动中，教师要认真观察幼儿手指的协调性发展，及时反思并寻找幼儿活动成功及失误的原因，提供有针对性的指导。

③在幼儿都完成材料操作后，教师要记录幼儿的情况，根据每个幼儿在生活领域的实际表现，为幼儿提供更适合他们后续发展的材料。

案例 2-34

（1）活动名称：开锁。

（2）活动目标：

①愿意尝试自己动手开锁头，体验自我服务的快乐。

②掌握用钥匙开各种锁头的正确方法。

③发展手部小肌肉的协调能力。

（3）材料解读：

①尽量选择单孔的、小巧的锁头，以便幼儿操作。

②应选择特别好区分的钥匙，让幼儿根据钥匙能比较容易地找到对应的锁头。

③锁头的数量最多不要超过6个。

（4）材料构成（见图 2-268）：
① 锁头 5 个，钥匙 5 把。
② 托盘，长碟子，小盒子。

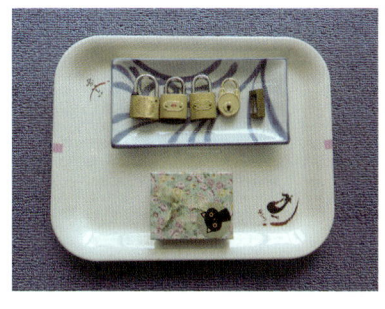

图 2-268　材料构成

（5）操作步骤：
① 从托盘中取出所有的锁头（见图 2-269）。

图 2-269　从托盘中取出锁头

② 取一把钥匙并找出与钥匙相对应的锁头（见图 2-270）。

图 2-270　取钥匙并找对应的锁头

③ 针对每一把钥匙逐一找出与钥匙相对应的锁头（见图 2-271）。

图 2-271　钥匙逐一配锁头

图 2-272　取钥匙对孔开锁头

④取钥匙对孔开锁头（见图 2-272）。

图 2-273　把锁头全部打开

⑤逐一用钥匙把锁头全部打开（见图 2-273）。

图 2-274　锁锁头并取钥匙

⑥把锁头全部锁上，取出钥匙（见图 2-274）。

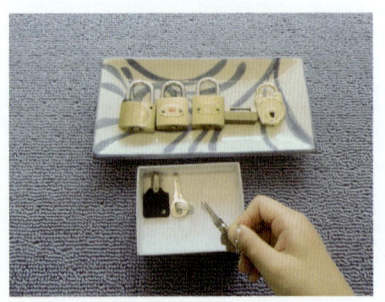

图 2-275　把材料放回原处

⑦把钥匙、锁头等材料放回原处（见图 2-275）。

（6）适宜年龄：5—6 岁。

（7）错误控制：这份材料的错误控制隐藏在锁头的钥匙孔中，钥匙孔的形状与钥匙齿龈一样。

（8）注意事项：

①教师要提示幼儿在操作中大胆地探索，找到开不同锁头的方法。

②教师要提醒幼儿找到与锁头的钥匙孔相对应的钥匙，以防插错锁头使钥匙不能拔出。

（9）变化延伸：可以让幼儿选择实际生活中的门锁、柜锁、单车锁等，来学习开锁。

（10）活动反思：

①在幼儿根据钥匙找锁头时，如果有必要，教师可以提醒他们将钥匙的齿龈与锁头的孔进行比对，找到正确的锁头后再进行探索。

②活动中，教师要注意引导幼儿从左往右进行操作，这样可以培养幼儿做事的有序性。教师要观察幼儿手的协调性，指导幼儿掌握正确的开锁方法，让幼儿体会成功的乐趣。

③教师对幼儿活动中的情况要及时进行记录，找出幼儿的最近发展区，并在后续活动中为他们提供适宜性的材料。

案例 2-35

（1）活动名称：串手链。

（2）活动目标：

①喜欢串手链的活动，体会动手装扮自己的成功和喜悦。

②学习穿珠子的正确方法，提高穿和打结等生活技能。

③通过拿、捏、穿等操作活动，使手部小肌肉的灵敏性得以提高。

（3）材料解读：

①串手链是从简单到精细的系列活动，教师可先引导幼儿进行木棒串珠、绳子串大珠等简单的操作，再过渡到用小孔珠子和软细绳子练习串手链的精

细活动。

②根据幼儿手腕的直径（约12颗珠子），提前将绳子剪成小段，绳子要有一定的弹性，软硬度以打结后不松脱为宜。

③用分隔盒将彩色珠子分类摆放。

（4）材料构成（见图2-276）：

①带孔的彩色塑料珠子，绳子，夹子。

②托盘，盒子。

（5）操作步骤：

①从托盘中取出操作材料（见图2-277）。

图2-276　材料构成

图2-277　取出材料

②一只手捏住绳子，另一只手拿着夹子（见图2-278）。

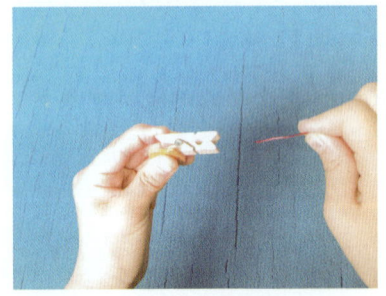

图2-278　拿起绳子和夹子

③夹住绳子的一端并固定好（见图2-279）。

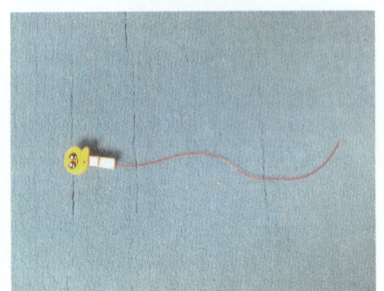

图2-279　夹住绳子的一端

④幼儿挑选自己喜欢的12颗珠子,一手捏住珠子,一手用绳子对准珠子的孔穿过去(见图2-280)。

图2-280　穿珠子

⑤将彩珠全部穿完后,平放于地毯上,小心地取下夹子(见图2-281)。

图2-281　取下夹子

⑥再用双手将绳子的两端打结,做成一串手链(见图2-282)。

图2-282　双手打结

⑦戴上手链装扮自己,展示作品(见图2-283)。

图2-283　展示作品

（6）适宜年龄：5—6岁。

（7）错误控制：珠子的数量为12颗，约等于幼儿手腕的直径，预留绳子打结的长度。

（8）注意事项：

①教师要提醒幼儿选择的彩色珠子不能超过12颗。

②教师要引导幼儿将穿好未打结的手链先平放在地毯上，再小心地取下夹子。

（9）变化延伸：

①变化绳子的粗细和珠子的大小及孔眼的大小。

②按颜色规律串珠。

（10）活动反思：

①"串手链"这个活动中涉及的串珠子动作，是提高幼儿手眼协调能力的较好方式之一，同时，这一活动能非常好地培养幼儿专注的学习品质。因此，教师应重点观察幼儿在活动中的细致性和坚持性，当幼儿在这些方面有不足时，教师应及时给予支持。

②操作这份材料的适宜年龄是5—6岁，但年龄不是区别幼儿能力的最好标准。很多时候，同年龄的幼儿之间会存在个体差异。这份材料的操作中包含串珠子的任务，同时存在着打结的任务。串珠子的任务是选择这份材料的幼儿必须独立完成的；对于打结的任务，教师可根据幼儿的不同水平，鼓励幼儿独立完成，或者让幼儿与教师合作完成。

③对于不能完成打结任务的幼儿，活动后教师应对其进行能力分析，针对幼儿在此能力方面存在的不足，制订提高此能力的计划并提供相应的材料支持。

案例 2-36

（1）活动名称：缝扣子。

（2）活动目标：

①感受缝扣子这一家务劳动的乐趣，为更多的缝纫活动做准备。

②学习穿针、打结以及双手配合缝扣子的正确方法。

③提高手部小肌肉动作的灵敏性和手眼协调的能力。

（3）材料解读：

①选择较大的扣子，其扣眼也较大；缝衣针要粗短些，针孔要大些，便于幼儿拿捏、对准、缝纫。

②选择质地较厚实的泡沫纸制作衣服模型，外形小些，便于幼儿操作。

③提供安全的儿童剪刀。

（4）材料构成（见图2-284）：

①衣服模型，扣子，缝衣针，缝衣线，剪刀，装线包，针包。

②托盘，小碟子，小盒子。

图2-284　材料构成

（5）操作步骤：

①取针包，抓住线头对准针眼，穿线（见图2-285）。

图2-285　对准针眼穿线

②选择适宜的线的长度，用剪刀把多余的线剪掉（见图2-286）。

图2-286　用剪刀剪断线

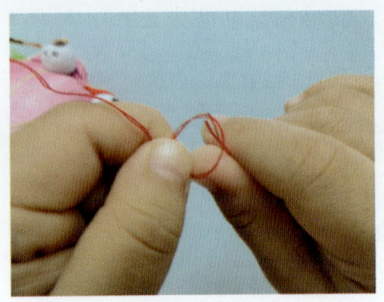

图 2-287 将两股线打结

③将两股线的末端对齐,打结(见图 2-287)。

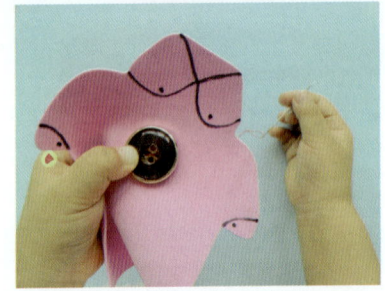

图 2-288 对准扣眼缝扣子

④取一颗纽扣对应放在衣服模型上,左手按紧扣子和衣服模型,右手拿针线,对准扣眼上、下穿针缝扣子(见图 2-288)。

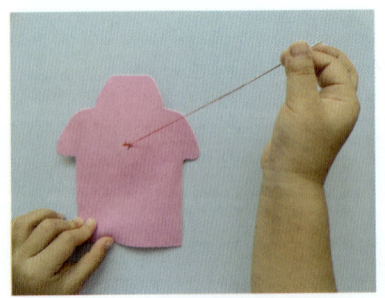

图 2-289 在反面打结

⑤缝好扣子后,把衣服翻转,完成打结(见图 2-289)。

图 2-290 剪去多余的线

⑥用剪刀剪掉多余的线(见图 2-290)。

⑦用同样的方法缝好第二颗扣子（见图 2-291）。

图 2-291　缝好第二颗扣子

（6）适宜年龄：5—6 岁。

（7）错误控制：衣服模型中间的两个圆点为缝扣子的标记。

（8）注意事项：

①穿针时，右手拿着线的前端穿线，线穿过针眼时，左手要尽快抓住线头向前拉，以免线头脱落。

②打结时，左手要抓住线的交叉点，右手抓住线头，穿过线的交叉处，然后往线的相反方向拉紧线。

③缝扣子时，针要对准扣子的眼，上下穿针，进行缝制。

④对能力较弱的幼儿，教师可以帮助他们完成穿针、打结的步骤。

（9）变化延伸：衣服的模型可以用布块或者娃娃穿的小衣服代替。

（10）活动反思：

①在幼儿穿针打结时，教师要观察并提醒幼儿，当幼儿有需要时，及时指导幼儿学会正确的打结方法。

②在缝扣子的时候，若教师发现幼儿没有从上往下缝扣子，要注意提醒幼儿操作的有序性，以帮助他们建立操作活动中的秩序感。

③幼儿全都完成材料操作后，教师可从穿针、打结、缝等方面进行记录，并完成反思，提出后续的支架策略。

案例 2-37

（1）活动名称：编辫子。

（2）活动目标：

①尝试自己的事情自己完成，自我服务意识得以增强。

②了解编辫子的基本动作，掌握编辫子的基本方法。

③通过左右手的配合，提升手、眼、脑的协调能力。

（3）材料解读：

①制作"发辫"时选择了质地柔软、表面略为粗糙的海绵纸，在幼儿编辫子时，手指不容易打滑。

②"发辫"有红、黄、蓝三种颜色，便于幼儿分成三股，更快地掌握编辫子的方法。

③制作"彩色发辫娃娃"的身体时，往瓶中加入小米以增加重量，以免幼儿在编辫子时将娃娃拉倒。

图 2-292　材料构成

（4）材料构成（见图 2-292）：

①彩色发辫娃娃，橡皮筋，颜色指引卡。

②托盘，小盘子。

（5）操作步骤：

①将彩色发辫娃娃、橡皮筋、颜色指引卡从托盘里逐一取出，将橡皮筋套在手腕上（见图 2-293）。

图 2-293　将橡皮筋套在手腕上

②按红、黄、蓝三种颜色将"头发"分成三股（见图 2-294）。

图 2-294　按颜色将"头发"分成三股

第二章 生活区材料案例

③参照颜色指引卡,一只手先将"红色头发"握住,另一只手将"黄色头发"放在"红色头发"上面,完成第一次编辫子的动作(见图2-295)。

图2-295 第一次编辫子的动作

④再将"蓝色头发"放在"黄色头发"上面,完成第二次编辫子的动作(见图2-296)。

图2-296 第二次编辫子的动作

⑤按颜色指引卡上红、黄、蓝的顺序,依次将三股"头发"编在一起(见图2-297)。

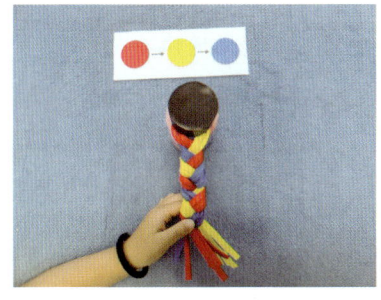

图2-297 将三股编在一起

⑥用套有橡皮筋的手抓住辫梢,用另一只手拉住橡皮筋,双手配合绑好发辫(见图2-298)。

图2-298 用橡皮筋绑住辫梢

⑦将娃娃翻成正面，欣赏长辫子俏妞（见图2-299）。

图 2-299　欣赏作品

（6）适宜年龄：5—6岁。

（7）错误控制：颜色指引卡上有三种颜色，提示幼儿按卡上的颜色顺序编辫子。

（8）注意事项：

①教师提醒幼儿按照颜色指引卡上的顺序编辫子，不要漏掉"头发丝"。

②教师要提醒幼儿在编辫子前先将橡皮筋套在手腕上。

（9）变化延伸：

①练习用同一种颜色的"头发"编辫子。

②练习给自己梳头编辫子，进行自我服务。

（10）活动反思：

①幼儿选择材料时，教师应确定他们操作此材料前，在其他活动中已掌握绑皮筋这一技能。此次活动主要是让幼儿掌握编辫子这一动作。在幼儿操作前，教师应引导幼儿观察小辫子的样子，了解小辫子是由三股"头发"轮流交替穿插而编成的。

②活动中，教师应该观察幼儿做事的细致性。在幼儿编辫子的过程中，教师应该观察幼儿是否在按照颜色指引卡上的顺序编辫子，是否用小手抓紧了"辫子"，是否漏掉了"头发丝"。对于能力强的幼儿，教师只需观察幼儿的操作；而对于能力弱的幼儿，教师需要引导其操作。当幼儿在这些方面出现不足时，教师应及时地给予支持。

③幼儿完成材料的操作后，会有给小伙伴和自己梳头发、编辫子的愿望。教师可根据幼儿的需要，在午睡起床后安排幼儿给小伙伴和自己梳头发和编辫子，进一步让幼儿练习巩固编辫子的基本动作，掌握编辫子的基本方法，增强幼儿自我服务和为他人服务的意识。

案例 2-38

（1）活动名称：刨瓜皮。

（2）活动目标：

①萌发乐意帮助大人做简单的家务劳动的愿望。

②学习正确地使用刨刀，增强安全意识。

③锻炼手部动作的协调性和灵活性。

（3）材料解读：

①选择的刨刀具备安全性，操作简便，以塑料材质为宜。

②刨刀的把手大小要适中，与幼儿手的大小相应。

③刨刀的形象选择幼儿喜欢的卡通胡萝卜形象，能够激发幼儿的操作兴趣。

④选择大小、粗细适中的黄瓜，便于幼儿用手握住来刨皮。

图 2-300　材料构成

（4）材料构成（见图 2-300）：

①洗净的黄瓜 1 条，刨刀 1 把，清洁布，密封袋。

②托盘，小盘。

（5）操作步骤：

①穿戴厨师服及厨师帽，戴上口罩，用肥皂洗净双手，做好准备。逐一取出材料（见图 2-301）。

图 2-301　逐一取出材料

图 2-302　握好刨刀

②从盘子中取出刨刀，右手放在刨刀的星星标记处，握好刨刀（见图 2-302）。

图 2-303　识别手握处的标记

③左手握在黄瓜的第一条标记线外（见图 2-303）。

图 2-304　刨黄瓜皮

④从黄瓜的第二条标记线处开始向下刨皮，并一直刨到黄瓜根部（见图 2-304）。

图 2-305　全部刨干净

⑤用同样的方法刨黄瓜皮，直到将黄瓜皮完全刨干净（见图 2-305）。

⑥打开密封袋，把刨好皮的黄瓜放进去，封好密封袋并放入冰箱保存（见图2-306）。

图2-306 装进密封袋

⑦将刨下来的黄瓜皮倒进垃圾桶里，最后将使用过的材料洗净、整理好（见图2-307）。

图2-307 将黄瓜皮倒进垃圾桶

（6）适宜年龄：5—6岁。

（7）错误控制：

①刨刀正面贴有星星标记。

②黄瓜一端刻有两条线形标记，第一条为手握黄瓜时不能超过的标记，第二条为刨瓜皮的标记。

（8）注意事项：

①在刨瓜皮的时候，教师注意提醒幼儿从第二条刨瓜皮的标记处开始刨，避免幼儿刨伤手。

②教师提醒幼儿要将手握在刨刀上有星星标记的一面，刨皮时紧贴住瓜皮向下刨。

（9）变化延伸：

①将刨好皮的黄瓜再加工成凉拌黄瓜或黄瓜炒鸡蛋等菜肴。

②选择其他的瓜果蔬菜练习刨皮，如胡萝卜、土豆、苹果等。

（10）活动反思：

①活动前，教师应引导幼儿了解黄瓜上两条标记线的作用。对于能力强的幼儿，教师只需在活动中观察幼儿的操作；而对于能力弱的幼儿，教师需要对其加以引导。

②活动中，教师应该观察幼儿做事的细致性。幼儿在刨黄瓜皮的过程中需要将瓜皮刨干净，但不要在已刨了皮的果肉处重复进行。活动后，教师可引导幼儿通过观察瓜肉的多少来判断操作的质量。

③幼儿完成材料的操作后，都有品尝的愿望，教师可根据幼儿的需要引导他们进行后续的切黄瓜、凉拌黄瓜等活动。

案例 2-39

（1）活动名称：缝手袋。

（2）活动目标：

①愿意探索环保材料的循环再利用，享受变废为宝的快乐。

②了解缝制手袋的基本方法和步骤，提高穿针、打结等生活技能。

③增强生活中的审美能力。

（3）材料解读：

①选择大号针眼的绣花针，便于幼儿穿针、安全使用。

②选择废旧干净的环保布，提前裁剪好，并在需要缝针的位置做上标记。

（4）材料构成（见图2-308）：手袋，带子，环保布，大号的绣花针，各色线，针线盒，剪刀，针枕。

图2-308 材料构成

（5）操作步骤：

①取出针枕，把针插在针枕的中央，练习穿针引线（见图2-309）。

图2-309　穿针引线

②将线的两端对齐，在尾端打结，用剪刀剪断多余的线（见图2-310）。

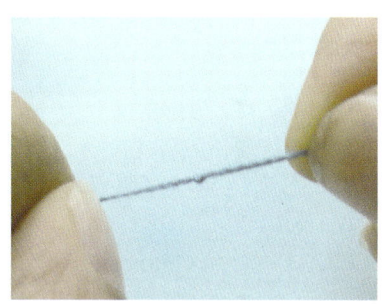

图2-310　打结

③一只手拿针，另一只手捏紧带子和手袋，把带子按照标记缝在手袋上（见图2-311）。

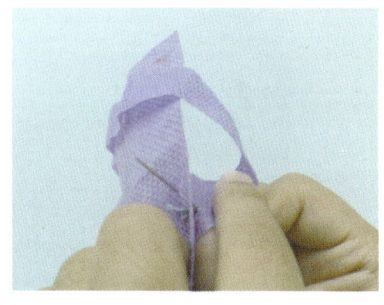

图2-311　缝带子

④缝好后收针打结（见图2-312）。

图2-312　缝好收针

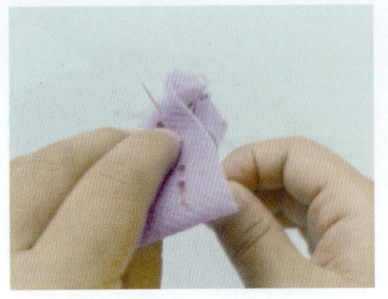

图2-313　缝手袋的两边

⑤将布片的两端对齐，按标记缝制手袋的两边（见图2-313）。

图2-314　缝上小花

⑥缝上点缀用的小花，装饰手袋（见图2-314）。

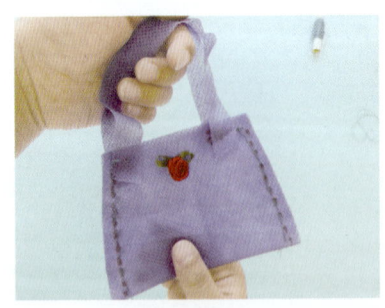

图2-315　欣赏手袋

⑦欣赏漂亮的手袋（见图2-315）。

（6）适宜年龄：5—6岁。

（7）错误控制：手袋的两边及带子的两端都有缝针的标记。

（8）注意事项：

①在缝制手袋时，教师要注意提醒幼儿的手与针保持一定的距离，大拇指与食指要分开并捏紧布片，中间留出缝针的位置，避免扎到手指。

②教师要给幼儿提供一个单独的座位练习缝手袋，让他远离其他幼儿。

③对于能力弱的幼儿，教师可以握住他们的手教他们操作。

（9）变化延伸：

①可以从缝制单一的物品过渡到缝制组合的物品。

②练习缝制小衣服、裤子等难度稍大的物品。

（10）活动反思：

①教师应根据幼儿的能力强弱，提供不同距离的缝合长度，以便让幼儿可以自由地选择难易程度不同的手袋进行缝制，以免小手不够灵活给幼儿造成困扰，从而降低他们对材料的兴趣。

②幼儿缝制手袋时，教师要引导其遵循从左到右的原则进行缝制，培养幼儿做事的有序性。

案例 2-40

（1）活动名称：织围巾。

（2）活动目标：

①愿意为家人编织围巾，萌发感恩之情。

②了解织围巾的过程，初步掌握下针的编织针法。

③通过编织围巾的活动，增强动手能力。

（3）材料解读：

①选择粗短的彩色织针，最好一头是尖的，另一头是圆的，便于幼儿初学使用。

②挑选色彩鲜艳的粗毛线，有助于幼儿看清楚编织的针法，激发幼儿编织的兴趣。

③教师提前帮助幼儿起好针。

（4）材料构成（见图 2-316）：

①起好针的半成品围巾，彩色毛线，织针。

②托盘，小筐。

图 2-316　材料构成

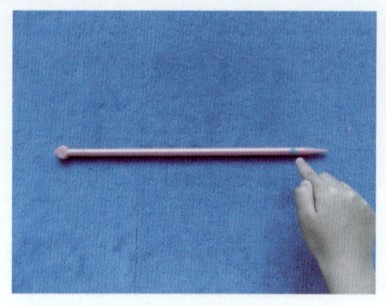

图 2-317　编织的控制线

（5）操作步骤：

①取出织针，观察织针上的控制线（见图 2-317）。

图 2-318　戳进毛线圈

②左手拿着上了线的织针，右手拿一根未上线的织针，把针由里到外戳进毛线圈里（见图 2-318）。

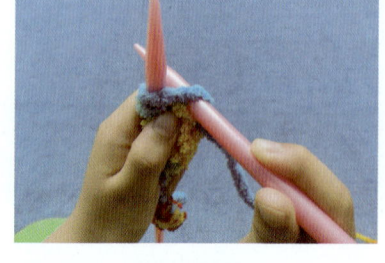

图 2-319　从外到里绕线

③右手拿起线，把它由外到里绕过针（见图 2-319）。

图 2-320　轻轻抽出针

④轻轻地抽出针，同时钩住刚才绕过的线（见图 2-320）。

⑤再把整个毛线圈脱出针头（见图2-321）。

图2-321 把线圈脱出针头

⑥重复刚才的过程，继续用下针编织围巾（见图2-322）。

图2-322 继续用下针编织

⑦欣赏围巾，把编织好的围巾带回家送给家人（见图2-323）。

图2-323 欣赏围巾

（6）适宜年龄：5—6岁。

（7）错误控制：蓝色的控制线。

（8）注意事项：

①教师提示幼儿将毛线推到控制线的后面，不然编织好的围巾很容易掉线。

②穿线和转针时，要注意拉紧毛线。

（9）变化延伸：

①学习上针的编织方法，可以运用上针和下针，练习交替编织。

②将编织好的两片缝合成小包或其他物品。

（10）活动反思：

①在幼儿编织围巾的过程中，教师重点观察幼儿的织法，指导幼儿正确地编织。

②在幼儿进行编织时，教师要重点观察幼儿双手的协调性，对有需要的幼儿给予及时的帮助。

③此材料的操作需要幼儿具备良好的双手协调性及手眼协调能力。对于能力弱又有强烈操作愿望的幼儿，教师可调整围巾的长度，以适宜的方式帮助他们获得成功。

案例2-41

（1）活动名称：彩虹手链。

（2）活动目标：

①愿意学习使用钩针，享受钩织手链的快乐。

②了解钩织手链的基本方法和步骤，耐心、细心地练习使用钩针。

③钩织手链装饰自己，增加生活中的小情趣。

（3）材料解读：

①选择质地良好、较粗的彩色线，以不起毛、不易断的尼龙线为佳。

②选用大号钩针，便于幼儿初学使用。

③准备一个小珠子，彩色线从珠子里穿过，起固定和装饰作用。

（4）材料构成（见图2-324）：

①大号儿童钩针，彩色线，小珠子。

②小花篮。

图2-324　材料构成

（5）操作步骤：

①取出材料摆放在桌面上（见图2-325）。

图 2-325 取出材料

②学习将彩色线的一端打活结，并用钩针起头（见图2-326）。

图 2-326 打结、起头

③双手配合，用钩针绕线、钩织（见图2-327）。

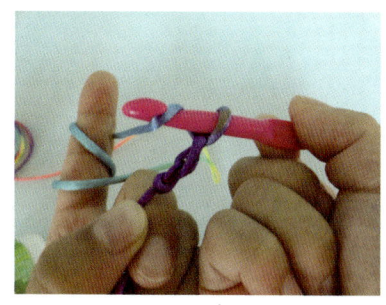

图 2-327 用钩针钩织手链

④比比小手腕，钩织到一定的长度（见图2-328）。

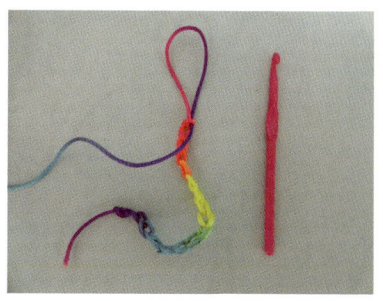

图 2-328 钩织到一定的长度

图 2-329　剪断线

⑤选取适宜的长度，并剪断线（见图 2-329）。

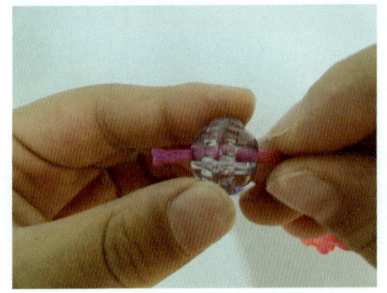

图 2-330　穿上珠子并打结

⑥穿上珠子装饰手链，并打结固定（见图 2-330）。

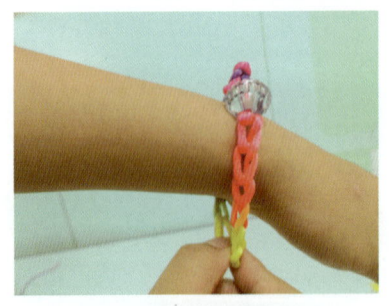

图 2-331　欣赏漂亮的手链

⑦欣赏漂亮的彩虹手链（见图 2-331）。

(6) 适宜年龄：5—6 岁。

(7) 错误控制：双手协调配合。

(8) 注意事项：

①在幼儿使用钩针时，教师提醒幼儿，钩针一定要拉紧彩色线，钩针的钩头向下。

②教师要提醒幼儿尽量把线圈弄大一些，这样才容易把线钩拉过去。

（9）变化延伸：可以从钩织手链逐步过渡到钩织项链、围巾等织品。

（10）活动反思：

①在幼儿进行钩织时，教师一开始就要注意观察幼儿是否能用正确的方法拿钩针，以免幼儿的习惯养成后难以改变。幼儿熟练掌握用右手钩织的技能后可尝试用左手钩织，从而发展左手的灵活性。

②教师应了解每个幼儿钩织技能的发展水平及发展需要，灵活地根据幼儿的不同需要提供后续发展材料。

案例 2-42

（1）活动名称：绣花。

（2）活动目标：

①乐意动手参与绣花活动，激发对民间手工艺活动的兴趣。

②了解绣花的基本方法和步骤，巩固穿针、打结等技能。

③正确使用针线、剪刀，增强安全意识。

（3）材料解读：

①选择大号的绣花针，针鼻大的绣花针便于幼儿穿针及安全使用。

②选择白色的绣花布，提前用绣绷把布拉平抽紧，拧紧绷子的螺丝。

（4）材料构成（见图 2-332）：

①圆形绣绷，大号的绣花针，各色棉线，针枕，剪刀。

②托盘，小盒子。

图 2-332　材料构成

（5）操作步骤：

①根据自己的意愿，在绣花布上用铅笔画上要绣的图案（见图 2-333）。

图 2-333　在绣花布上画图案

图 2-334 穿针引线

②把针插在针枕的中央,取出棉线穿针引线(见图 2-334)。

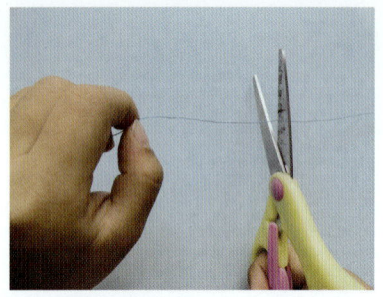

图 2-335 剪断棉线

③剪断多余的棉线(见图 2-335)。

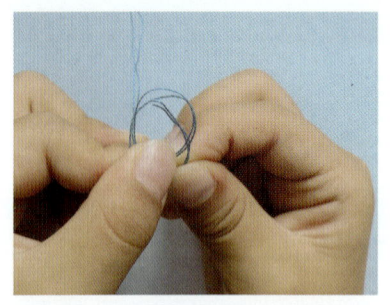

图 2-336 打结

④将棉线的两端对齐,在尾部打结(见图 2-336)。

图 2-337 把图案绣在绣花布上

⑤用针和线把画好的图案绣在绣花布上(见图 2-337)。

⑥收针打结（见图2-338）。

图2-338　收针打结

⑦剪断线头，一个双色的气球就绣好了（见图2-339）。

图2-339　操作完成，欣赏作品

（6）适宜年龄：5—6岁。

（7）错误控制：自己画的绣花图案。

（8）注意事项：

①在幼儿绣花的过程中，教师应在一旁进行指导，留意幼儿用针的安全。

②教师要注意提醒幼儿先将针正面穿进去，再从反面穿出来，绣过的地方不要重复。

（9）变化延伸：幼儿画的图案可从简单到复杂，从直线到曲线，从单一图案到组合图案。

（10）活动反思：

①在开始绣图时，幼儿会出现无法分清正面与反面的现象，因此教师应重点观察这一点，发现幼儿有此问题后，要及时引导幼儿用正确的方法进行操作。

②教师应观察幼儿是否遵循对每一个要绣的图案按从左到右、从上到下

的顺序进行缝绣的原则，一旦发现问题就及时引导，以免缝绣无序导致错误，使材料操作无法完成。

案例 2-43

（1）活动名称：蒸水蛋。

（2）活动目标：

①通过蒸水蛋的活动，体验亲自动手烹饪美食带来的乐趣。

②初步学习蒸水蛋的基本步骤。

③养成做事情有条理的好习惯。

（3）材料解读：

①选择的蒸蛋器具有安全性和可操作性，便于幼儿使用。

②选择防锈的小型打蛋器，便于幼儿操作。

③调味瓶的粗细、大小适中，便于幼儿取握。

（4）材料构成（见图2-340）：

①蒸蛋器，打蛋器，隔热手套，小勺子，量水杯，搅拌碗，蒸碗，小抹布，厨师服，厨师帽，口罩。

②生鸡蛋1个，香油，酱油。

③托盘。

图 2-340　材料构成

（5）操作步骤：

①将鸡蛋敲裂，打入搅拌碗内，用打蛋器将鸡蛋搅拌均匀（见图2-341）。

图 2-341　打蛋并搅拌均匀

②用量水杯接温水至标记线处,将水倒入搅拌碗(见图2-342)。

图 2-342 取水倒入碗内

③继续将蛋液与水搅拌均匀后,倒入蒸碗中(见图2-343)。

图 2-343 搅拌均匀倒入蒸碗

④往蒸蛋器中倒入3杯水,放上蒸屉和蒸碗(见图2-344)。

图 2-344 放上蒸屉和蒸碗

⑤盖紧蒸蛋器的盖子,插上电源,将旋钮拧至标记处(见图2-345)。

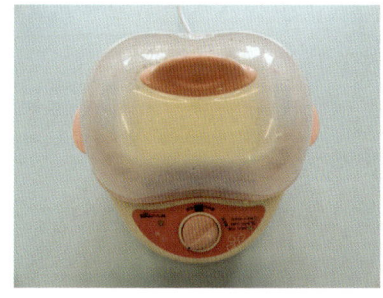

图 2-345 蒸蛋羹

图 2-346　慢慢取出蒸碗

⑥蒸好后，用隔热手套将蒸碗慢慢取出（见图 2-346）。

图 2-347　分享蛋羹

⑦加入适量酱油和香油，邀请同伴分享香喷喷的鸡蛋羹（见图 2-347）。

（6）适宜年龄：5—6 岁。

（7）错误控制：

①在量水杯容量 40 毫升处（约一个鸡蛋的量）做上一条明显的标记线。

②在蒸蛋器的旋钮和操作面上各制作一个标记，当旋转至两个标记相对应时，蒸蛋的时间刚好合适。

（8）注意事项：

①幼儿放置蒸蛋器的盖子时，教师应提醒幼儿不要让上面的气孔对着自己，以免被蒸汽烫伤。

②蒸好蛋后，教师应注意提醒幼儿等待一会儿再将盖子打开，以免被蒸汽烫伤。

③操作结束后，教师将幼儿清洗过的操作材料再次清洗、消毒。

（9）变化延伸：可在蛋液中加入不同的食材，如胡萝卜粒、豌豆等，使蛋羹的营养更加丰富。

(10)活动反思：

①食品安全是食品材料探索中的头等大事，因此，活动前教师应指导幼儿进行好鸡蛋、坏鸡蛋的辨认活动，让幼儿能正确区别鸡蛋的好坏，活动中教师应要求幼儿留意自己打开的鸡蛋的质量，如有疑惑，要及时请教师辨别。

②蒸水蛋是在生活区为幼儿设置的第一份需要包含前期"敲鸡蛋"材料的食品操作材料。如果个别幼儿的手部小肌肉控制能力较弱，活动前教师可引导他先探索"敲鸡蛋"材料，留意敲鸡蛋的力度，敲完后让他稍做总结，为他探索"蒸水蛋"材料积累经验。

③对于能力强的幼儿，教师可引导其思考蛋液与水的比例，让幼儿找出最佳的配比方案，提高幼儿的反思能力，并将这种能力运用到生活的各个地方，为他们以后的独立生活打好基础。

案例 2-44

（1）活动名称：全西红柿饭。

（2）活动目标：

①乐意自己动手制作美食，体验成功的乐趣。

②了解制作全西红柿饭的基本步骤及方法。

③养成做事情有条理的好习惯。

（3）材料解读：

①选择的电饭煲容量小、重量轻，简单、安全，便于幼儿操作。

②选择的装橄榄油和胡椒粉的瓶子口较小，便于幼儿控制其使用量。

③食材事先切好，便于幼儿操作。

（4）材料构成（见图 2-348）：

①清洁、消毒过的电饭煲，量杯，食品保鲜密封盒，小碗，瓶子，塑料大饭勺，小抹布，厨师服，厨师帽，口罩。

图 2-348　材料构成

②米，西红柿1个，胡萝卜粒，青豆粒，火腿肠粒，玉米粒，盐，胡椒粉，橄榄油。

③托盘。

（5）操作步骤：

①去食品辅助材料区穿戴厨师服及厨师帽，戴上口罩后用肥皂洗净双手，逐一取出材料（见图2-349）。

图 2-349　逐一取出材料

②取一量杯的米放入电饭煲内胆中，洗净，放入适量的水（见图2-350）。

图 2-350　洗米

③打开食品保鲜密封盒，依次放入切好的胡萝卜粒、青豆粒、火腿肠粒、玉米粒（见图2-351）。

图 2-351　逐一放入食材

④加入适量橄榄油、盐及胡椒粉，（见图2-352）。

图 2-352　加入调料

⑤放入一个完整的西红柿（见图 2-353）。

图 2-353　放入一个西红柿

⑥将电饭煲内胆放在平铺的干毛巾上，转动电饭煲内胆，将其擦拭干净（见图 2-354）并放入电饭煲里，盖好盖子，打开电源，按下启动开关。

图 2-354　擦干内胆外面的水

⑦耐心等待开关跳起。米饭煮好后，小心地打开盖子，用饭勺将西红柿捣碎（见图 2-355），搅拌均匀，邀请同伴一起分享。最后将使用过的材料洗净、整理好。

图 2-355　将西红柿捣碎

（6）适宜年龄：5—6岁。

（7）错误控制：

①量杯的容量和电饭煲的刻度相匹配，刻度"1"的水量刚好煮一量杯的米。

②小勺子的容量刚好是此次全西红柿饭需要放入的盐的分量。

③听到"咔哒"一声，提示盖子已经盖好。

(8)注意事项:

①教师应保证所有食材在操作时刚从冰箱里取出,以确保食材的安全。

②米饭煮好后,教师应提醒幼儿等待一会儿再将盖子打开,这样可让米饭的味道更好。

③当幼儿打开电饭煲的盖子时,教师要注意提醒幼儿头部尽量远离电饭煲,以免被蒸汽烫伤。

④操作结束后,教师将幼儿清洗过的操作材料再次清洗、消毒。

(9)变化延伸:尝试加入其他食材,体验制作更多的美味,如腊味饭等。

(10)活动反思:

①这份材料是在幼小衔接活动中,为培养幼儿上小学后的独立生活能力而设计的,希望通过制作简单的电饭煲煲仔饭,幼儿能制作简单的、满足自我生存需要的饭菜。这一活动涉及的材料非常多,步骤也比较繁杂,因此活动中步骤的清晰、材料操作的顺序都对幼儿具有相当大的挑战,能力强的幼儿也需要教师适当的引导才能完成此活动,能力弱的幼儿在某些步骤需要与教师合作才能完成操作。教师可引导每一个幼儿多次尝试此活动,让他们都能做到基本上独立操作。

②为了减少指导量,教师可以设计制作步骤图或一本小书,再次尝试的幼儿或能力极强的幼儿可借助步骤图或小书独立地进行操作。

案例 2-45

(1)活动名称:动物烤麸。

(2)活动目标:

①喜欢吃烤麸蛋糕,懂得珍惜食物的道理。

②了解烤麸蛋糕的营养价值,学习简单的制作方法。

③掌握搅拌的动作,锻炼幼儿手腕的力量和灵活性。

(3)材料解读:

①购买小型的烤麸蛋糕机,操作简单、安全。

②选用低筋面粉，保证做出的蛋糕口感松软。

③为了防止潮湿，应用防潮罐或瓶子盛装面粉和糖等食材。

（4）材料构成（见图2-356）：

①面粉，鸡蛋，食用油，白糖，蛋糕机，勺子，量杯。

②托盘，小碟子，防潮罐，碗。

图 2-356　材料构成

（5）操作步骤：

①把鸡蛋打到碗里，用打蛋器将鸡蛋打散（见图2-357）。

图 2-357　将鸡蛋打散

②在打散的蛋液中，加入一大勺面粉，然后搅拌均匀（见图2-358）。

图 2-358　搅拌蛋液和面粉

③加入一小勺食用油和一小勺白糖，再次搅拌（见图2-359）。

图 2-359　加入油和糖

图 2-360　把面糊倒进量杯

④将搅拌好的面糊倒入量杯中（见图 2-360）。

图 2-361　倒入烤麸机中的模具

⑤再把烤麸机中的每个模具都倒满面糊（见图 2-361）。

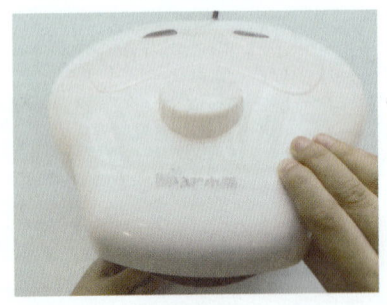

图 2-362　开始烤制

⑥盖上盖子通上电，蛋糕机开始工作（见图 2-362）。

图 2-363　把烤麸蛋糕放在碟子里

⑦等蛋糕机冷却后，打开盖子，逐一取出烤麸蛋糕，摆放在碟子里（见图 2-363）。

（6）适宜年龄：5—6岁。

（7）错误控制：

①一大勺是面粉一次的用量，一小勺是油和糖一次的用量。

②制作一个烤麸蛋糕需要在蛋糕模具中倒满面糊。

（8）注意事项：

①制作烤麸的工具在使用前、使用后都要严格清洗和消毒。

②蛋糕烤制需要教师进行操作，蛋糕烤熟后，要冷却一会儿再让幼儿取出。

（9）变化延伸：

①用烤箱烤蛋糕或面包。

②烤制其他口味的糕点。

（10）活动反思：

①在幼儿做烤麸蛋糕的过程中，教师要重点观察幼儿使用食材的数量和制作面糊的方法，提示幼儿正确的用量和搅拌面糊的方法。

②在烤制蛋糕时，教师提醒幼儿倒入模具中的面糊不要太满，蛋糕机通电后不要触碰机身。蛋糕烤熟后，教师提醒幼儿要等蛋糕机冷却后，方可取出蛋糕。在整个活动过程中，教师要注意观察幼儿的操作，避免幼儿被烫伤。

案例 2-46

（1）活动名称：寿司拼盘。

（2）活动目标：

①乐意尝试自己动手制作寿司，从中体验劳动的快乐。

②感受并了解韩日饮食文化，初步探索制作寿司的基本步骤及方法。

③能独立完成较复杂的食品制作活动，锻炼双手的控制能力。

（3）材料解读：

①将购买的竹帘打磨光滑，去除竹刺。

②提前用电饭锅将米饭煮熟，要比平时食用的米饭软一些。

图 2-364 材料构成

③选取新鲜食材，符合食品安全，辅助食材提供 2～3 种即可。

（4）材料构成（见图 2-364）：

①煮熟的米饭，火腿肠，胡萝卜条，黄瓜条，紫菜，盐，竹帘，饭勺，水果刀，小勺子。

②托盘，小碟子，碗，小玻璃瓶。

（5）操作步骤：

①把材料从托盘中取出，摆放在桌面上备用。

②在米饭中加入一小勺盐，用饭勺搅拌均匀（见图 2-365）。

图 2-365 放一小勺盐并搅拌均匀

图 2-366 铺好竹帘和紫菜

③打开竹帘，取一张方形紫菜片放在竹帘的中间（见图 2-366）。

图 2-367 在紫菜上铺满米饭

④用饭勺把米饭舀到紫菜上，边舀边铺平，直至把米饭覆盖在整张紫菜上（见图 2-367）。

⑤加入一根火腿肠（见图 2-368）。

图 2-368　加火腿肠

⑥双手用力卷起竹帘的底端，直至把紫菜卷成圆筒（见图 2-369）。

图 2-369　将竹帘向上卷动

⑦将寿司卷切成 2 厘米长的小块（见图 2-370）。

图 2-370　把寿司卷切成小块

⑧用剩下的食材多卷几个寿司卷，最后摆成美味的寿司拼盘（见图 2-371）。

图 2-371　摆寿司拼盘

（6）适宜年龄：5—6岁。

（7）错误控制：

①在紫菜上铺米饭时，以不铺出紫菜的边为准。

②切寿司卷时，按照紫菜上的线条长度，大约2厘米长。

（8）注意事项：

①切寿司卷时，教师应提醒幼儿边卷边压紧寿司卷，双手不能松脱。

②切寿司卷时，教师应提醒幼儿来回多切几次，不要用力按压，以防将寿司卷压变形。对于能力弱的孩子，教师可以帮助他完成。

③制作寿司的工具在使用前、使用后都要由教师再次清洗和消毒。

（9）变化延伸：

①选取的辅助食材可多样化，如果粒、肉松、三文鱼片等。

②开展亲子郊游活动，品尝各家的创意寿司卷。

（10）活动反思：

①制作寿司涉及的材料非常多，操作步骤繁杂，因此要求幼儿必须有较强的耐心，有较好的双手协调性与力度控制能力。这些要求对幼儿来说具有相当高的难度，在活动过程中，教师应注意及时给予幼儿心理支持。

②大部分幼儿在首次操作此材料时需要教师的适宜引导，甚至在教师的带领下才能完成活动。因此，教师可以鼓励幼儿多次重复尝试这一活动，让每一个幼儿都能够独立完成。

③教师可以将寿司的制作过程设计成参考图示在生活区或材料中呈现，再次操作的幼儿，可通过观察图示、参照图片尝试独立完成操作，这样能够起到减少教师指导量的作用。

案例2-47

（1）活动名称：烤饼干。

（2）活动目标：

①懂得食物来之不易的道理。

②了解制作饼干的基本方法，认识相关食材及工具。

③能大胆地分享饼干制作的过程，语言表达完整。

（3）材料解读：

①选择操作简单的烤箱和饼干模具。

②教师提供和面团的配方，由家长辅导幼儿在家准备好面团，制作当天带到班上备用。

③面团配方：煮熟鸡蛋黄1个、食用油3小勺、白糖1勺、生粉50克、面粉50克、牛奶少许。

（4）材料构成（见图2-372）：

①面团，烤箱，擀面棒，垫板。

②托盘，小碟子，小碗，玻璃碗。

图2-372　材料构成

（5）操作步骤：

①取出垫板和面团（见图2-373）。

图2-373　取出垫板和面团

②用擀面棒擀平面团（见图2-374）。

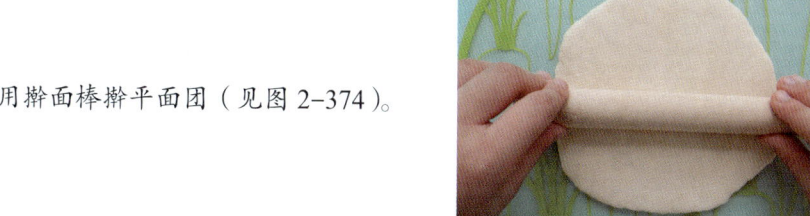

图2-374　用擀面棒擀平面团

图 2-375　用模具压图案

③用模具在面团上压卡通小动物的图案（见图 2-375）。

图 2-376　压满卡通图案

④把面皮压满卡通图案（见图 2-376）。

图 2-377　把饼干放入烤盘中

⑤把饼干放入烤盘（见图 2-377），再将烤盘放入烤箱中。

图 2-378　调节温度开始烘烤

⑥调节温度开始烘烤饼干（见图 2-378）。

⑦烘烤完成，等烤箱冷却后，取出饼干，摆放在碟子里。和同伴一起品尝好吃的饼干（见图 2-379）。

图 2-379　与同伴分享美食

（6）适宜年龄：5—6 岁。

（7）错误控制：

①一个模具压一个完整的饼干图案。

②根据烤箱的说明书调节烤制的时间。

（8）注意事项：

①教师引导幼儿将剩余的面团捏紧、擀平，再用模具压饼干，重复此过程。

②制作饼干的工具在使用前、使用后都要清洗和消毒。

③烤箱由教师来操作，以免幼儿被烫伤。

（9）变化延伸：提供不同的工具，可以制作更多的饼干种类，如花式酥饼、曲奇饼、核桃酥等。

（10）活动反思：

①在幼儿做烤饼干的过程中，教师要重点观察幼儿使用擀面棒的方法，提示幼儿要用力压，前后滚动擀面棒。使用模具印饼干图案时，对于操作有难度的幼儿，教师应提醒其用力往下压模具，压完图案后，把多余的面皮取走。

②在使用烤箱烤制饼干时，教师要在一旁观察幼儿，注意提醒幼儿不要触碰烤箱。饼干烤熟后，提醒幼儿要等烤箱冷却后，方可取出饼干。教师要注意观察幼儿的整个操作过程，以免幼儿被烫伤，确保此操作活动中幼儿的安全。

案例 2-48

（1）活动名称：蒸馒头。

（2）活动目标：

①体验亲自动手烹饪美食带来的乐趣。

②掌握蒸馒头的基本步骤。

③养成做事有条理的好习惯。

（3）材料解读：

①选择的电蒸锅要安全、操作简单，便于幼儿使用。

②塑料切刀和垫板选择 PE 和硅胶材质，无毒、无味，安全，操作简便。

③和面的大碗一边有小把手，便于幼儿操作时扶住扶稳。

（4）材料构成（见图 2-380）：

①清洁、消毒过的电蒸锅，塑料切刀，垫板，碗，盘子，勺子，小量杯，隔热手套，小毛巾，厨师服，厨师帽，口罩。

②面粉，发酵粉。

③托盘。

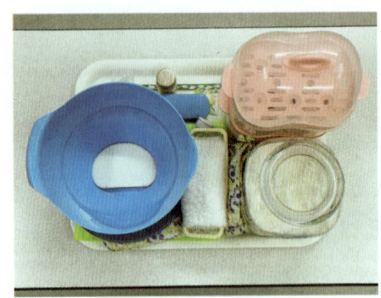

图 2-380　材料构成

（5）操作步骤：

①去食品辅助材料区穿戴厨师服及厨师帽，戴上口罩后用肥皂洗净双手。逐一取出材料（见图 2-381）。

图 2-381　逐一取出材料

②先从面粉盒里用勺子舀出6勺面粉倒入大碗中,再用小量杯按标记线装适量的发酵粉,也倒入大碗中,并加入2小杯清水。用勺子将面粉、发酵粉和水搅匀(见图2-382)。

图2-382 搅拌均匀

③用手将面粉揉成面团,盖上湿毛巾醒面(见图2-383)。

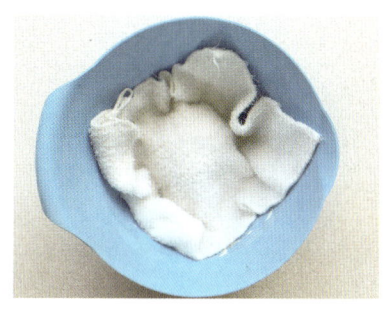

图2-383 盖湿毛巾醒面

④将醒好的面放在垫板上用力揉搓(见图2-384)。

图2-384 用力揉面

⑤将面团揉成长条后用塑料切刀切成若干个面块(见图2-385)。

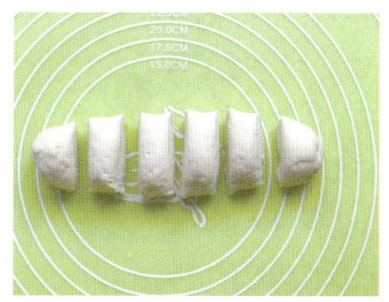

图2-385 切成若干个面块

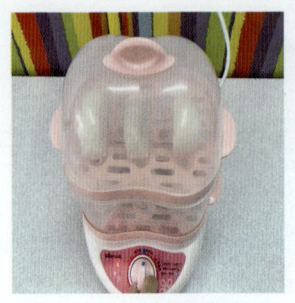

图 2-386 上屉蒸馒头

⑥将切好的面块放入笼屉中,打开电蒸锅的盖子,倒入适量的水,并将放满面块的笼屉放在电蒸锅上,盖好盖子,插上电源,将旋钮拧至标记处,开始蒸馒头(见图 2-386)。

图 2-387 分享美味馒头

⑦耐心等待馒头蒸好后,小心地打开盖子,用夹子将馒头夹至盘中,展示并分享(见图 2-387)。最后将使用过的材料洗干净并整理好。

(6)适宜年龄:5—6 岁。

(7)错误控制:

①在盛有面粉的盒盖上做好 6 勺的标记。

②在小量杯做上"2"的标记,并在容量 2.5 毫升处设计一条明显的标记线。

③电蒸锅的旋钮和操作面上各设计了一个标记,当旋转至两个标记相对应时,蒸馒头的时间刚好合适。

(8)注意事项:

①放置电蒸锅的盖子时,教师应提醒幼儿不要让上面的气孔对着自己,以免被蒸汽烫伤。

②馒头蒸好后,教师应注意提醒幼儿等待一会儿再将盖子打开,以免被蒸汽烫伤。

③操作结束后,教师要将幼儿清洗过的操作材料再次清洗、消毒,确保

没有残留食物污染食具。

（9）变化延伸：尝试制作不同风味的馒头，如白糖馒头、红糖馒头、奶香馒头等。

（10）活动反思：

①蒸馒头这一活动程序非常多，要开展此项活动，很多幼儿需要做好前期经验或能力的准备，比如，有的幼儿需要先具备揉面的能力，有的幼儿需要具备切的能力，有些能力特别弱的幼儿可能需要教师与之合作，或教师引导其他幼儿与之合作来完成此活动。

②为了让幼儿充分体验活动的成功，教师在活动前要自己进行尝试，找出各种食材的最佳配比方案，并用标记的形式给幼儿做出指引，使幼儿在活动中相对容易成功。

③对于完成活动并取得成功的幼儿，教师还应该引导其观察各种材料的配比，并思考它们之间的多与少，丰富幼儿的生活经验，并为以后无操作提示做准备。

第三章
教师对幼儿的支持

《幼儿园课程开发与教师专业发展——比较研究的视角》一书提出："区域活动主要是幼儿在一定环境中根据自己的兴趣和能力自主选择活动内容和活动方式的活动形式,它在时间和空间上都是开放的,幼儿可以自己决定学习的速度,可以自由选择活动区。"[①]区域活动打破了传统的集体活动形式,较好地尊重了幼儿的个别差异,使幼儿的兴趣、爱好、发展水平都得到了充分的展示与发展。在区域活动中,有两个因素能为幼儿的个性发展提供支持,一个因素是物——材料,另一个因素就是人——教师。我们需要研究材料能为幼儿提供什么样的支持,同样需要研究在师幼互动中,教师怎样提供支持幼儿发展的策略,以提高区域活动中师幼互动的质量。

在区域活动中,一位优秀的教师能够为幼儿提供丰富且适宜的材料,能通过观察幼儿的材料使用情况来判断幼儿的发展水平与当前需要,并在幼儿的操作过程中适宜地与幼儿讨论并拓展其学习经验。从整体区域指导来看,教师陪伴在幼儿身边,既确保幼儿用健康而安全的方式来操作材料,又为幼儿营造一个充满爱与安全感的活动环境提供人力保障。

教师对幼儿的支持应包括以下步骤:基于对幼儿的前期了解进行初步评价→判断或引导幼儿选择合适的材料→观察分析幼儿的操作情况→提供适宜适量的指导→再次观察并评析幼儿的操作情况→根据幼儿的当次活动情况进行整体评价→提出后续的支持策略……教师的支持过程从开始时对幼儿的初步评价,到判断他们选择材料的适宜性,再到后续的各种措施,无不体现出教师对材料的清晰了解以及对幼儿身心发展的深刻认识。

为了让读者形象、直观地感受教师对幼儿的支持过程,本章将从单次活动和追踪式支持实录两个方面展开,从点到面帮助大家了解单次活动中教师的支持方法,以及阶段性活动中持续的支持策略。

---

① 霍力岩,等. 幼儿园课程开发与教师专业发展——比较研究的视角[M]. 北京:教育科学出版社,2006:165.

第三章 教师对幼儿的支持

第一节 单次活动中教师的支持

区域活动中，除了幼儿的自主操作与独立探究，常常需要教师对幼儿的区域学习进行"画龙点睛"式的支持。当然，教师在进行支持时，需要根据幼儿的年龄差异、能力发展水平，采取不同的支持方式。而对于教师支持策略的选择，是以教师对幼儿的观察和分析为前提的。区域活动中教师对幼儿的研究与支持，可能是"无声胜有声"的观察，也可能是教师的演示与说明，还可能是介于两者之间的师幼合作式的引导。下面，我们选取深圳市莲花二村幼儿园区域活动中教师开展支持的部分案例，来呈现三个年龄段生活区域中单次支持活动的案例，以此回答"在区域活动中教师是如何支架儿童的主动学习的"。不同年龄段的幼儿，分别需要什么样的支持策略呢？

一、小班案例分析

对于刚进入小班的幼儿来说，尽快适应幼儿园生活是他们最应突破的部分。其中，生活区的一些基本操作材料有助于幼儿自理能力的提升，可让他们更快地融入幼儿园的集体生活。例如，小班幼儿手部的一些精细动作发展不完善，这较大地影响了他们的进餐情况。因此，我们选择"小勺舀红豆"这份材料作为观察案例，选取并记录了某次小班区域活动时，某位幼儿对这份材料的操作情况及教师的支持情况。通过呈现活动过程、幼儿的探索情况、教师的行为、活动后教师进行的记录与反思，以此帮助教师思考并分析幼儿活动中的行为，确定行为的成因，以保证在下一次活动中为幼儿提供更适宜的支持。

（一）幼儿班级：小班

（二）材料名称：小勺舀红豆

（三）材料来源：《指南》3—4岁健康—动作发展—目标3的子目标"2. 能熟练地用勺子吃饭"

（四）活动实录（见表3-1）

表3-1　小班幼儿生活区活动实录表

活动内容	幼儿行为	教师策略
幼儿进入生活区选择活动材料	在生活区前面徘徊寻找，发现自己需要的材料	教师在幼儿身后默默地观察其行为，并基于观察及对幼儿的了解思考所需的支持策略
幼儿基于兴趣自主地选择材料	幼儿自发地取出了生活区的一份材料	教师继续观察，基于幼儿已有的经验重点关注其操作步骤
幼儿操作材料，教师在幼儿身后观察其行为	幼儿取出一份"小勺舀红豆"的材料，开始进行操作，在舀的过程中会不时将红豆撒出	教师坐在幼儿旁边，继续观察，思考适宜的支持策略
幼儿无法将碗底的红豆舀起，向教师求助	幼儿在操作过程中仍然会将红豆撒落出来，舀到碗底时遇到困难，向一旁的教师寻求帮助	教师起身在幼儿旁边铺好地毯，取出一份"大勺舀汤圆"的材料，请幼儿到自己的地毯前观看教师操作。操作完后，请幼儿试着操作这份材料
幼儿完成舀汤圆的操作，教师给予鼓励，针对活动给出评价	幼儿完成操作，这一次汤圆未撒落	教师针对幼儿的操作要领进行简要的讲解，帮助幼儿总结成功的经验。随后，教师鼓励幼儿回到自己的地毯前继续探索之前的材料
幼儿继续操作"小勺舀红豆"的材料	在理解要领后，幼儿进行尝试，虽仍会有一些红豆撒落，但较之前少了许多。操作后，幼儿将撒落的红豆放回碗中	教师对幼儿的进步予以肯定，并鼓励幼儿再将右边碗中的红豆舀回左边，继续操作材料
幼儿完成操作	幼儿成功地将右边的红豆舀回左边，这次没有撒落，激动地告知教师	教师鼓励幼儿，并思考下一步该提供哪些可支持幼儿的材料

(五)幼儿发展与教师支持

1. 幼儿学习品质分析

(1)针对幼儿发展的研究

上述案例中的幼儿处于小班初始期,在个别探索活动中,由于幼儿自身的动作能力需要提高,他对材料又较为陌生,难以正确选择与自身经验相匹配的材料,因此在操作过程中,他会出现动作不灵活及操作不规范而舀不上来的情况。

(2)基于教师行为的分析

幼儿能够自主进入生活区选取材料,表明其对该区域的兴趣,教师能予以肯定并在开始阶段给幼儿提供充分独立探索的空间,选择在一旁观察,以了解幼儿原有的经验。在幼儿遇到困难主动向教师寻求帮助时,教师及时陪伴在幼儿身边(见图3-1),这对初入幼儿园的幼儿来说较好地满足了其安全感的需要。比起手把手地指导幼儿操作这份材料,教师基于对幼儿已有经验的了解而选择先提供一份难度稍低的同类型材料,这份材料更接近幼儿的最近发展区,更有利于幼儿操作成功并从中建立自信,为他后期迎接新的挑战做好准备。而且,教师操作、幼儿观察这种形式充分尊重幼儿,师生关系更为平等,更容易让幼儿乐于接受挑战。幼儿成功操作后,教师及时给予鼓励并帮助幼儿巩固形成的正确经验,同时指导他总结梳理成功经验以使其将有关经验迁移至下一份材料的操作中。待幼儿的经验达到一定水平后,教师鼓励幼儿继续探索原来的那份材料,以培养幼儿持续探索的学习品质。

图3-1 教师指导幼儿探索

2. 幼儿领域发展分析

(1)针对幼儿发展的研究

幼儿能基本掌握舀的动作要领,但是在精细程度和手眼协调的准确性上还有待提升。

（2）基于教师行为的分析

教师能根据该幼儿的发展，了解幼儿的已有经验并找出操作中遇到困难的原因，从而及时为幼儿提供更符合其最近发展区的材料，如本次活动中难度稍小一些的"大勺舀汤圆"材料，这份材料对幼儿的精细小肌肉动作要求不像之前的材料那么高，但能较好地发展幼儿舀的基本动作，同时保护他的自信心。待幼儿操作基本熟练并体验到成功后，再次鼓励幼儿尝试新的挑战——探索"小勺舀红豆"材料，进一步促进其小肌肉灵活性的发展。教师提供适宜的材料十分有助于幼儿循序渐进地发展。

二、中班案例分析

幼儿通过小班生活区近一年的活动与探索，在自身能力、生活知识等方面都有了较大的提高，大部分幼儿的身体动作（如站立、放置等）及精细动作（如捏、拧、悬等）都已基本成熟。在幼儿进入中班后，教师应根据他们的发展水平及需要，及时调整材料结构，为幼儿提供一些更适合其发展的、更具有挑战性的材料。这些材料难度的增加主要体现在精细动作牵涉的肌肉群范围更大，对操作时所需要的各种活动的品质要求更高。为了说明此方面的情况，在中班案例分析中，我们选取并记录了某次中班区域活动时，某幼儿在生活区操作"夹动物包子"这份材料的整个过程，以此观察并分析教师是如何为幼儿提供适宜的支持的。

（一）幼儿班级：中班

（二）材料名称：夹动物包子

（三）材料来源：《指南》4—5岁健康—动作发展—目标3的子目标"2. 会用筷子吃饭"

（四）活动实录（见表3-2）

表 3-2　中班幼儿生活区活动实录表

活动内容	幼儿行为	教师策略
幼儿主动到生活区选择"夹动物包子"的材料	幼儿较自信地、快速地到生活区前面选定自己需要的活动材料	在幼儿身后默默地观察，了解幼儿是否需要教师的支持
将材料放在操作台上，教师在幼儿旁边走动观察	幼儿将材料放在操作台上，先逐一将筷子、装动物包子的碗移到跟前观察，试着操作材料	教师与幼儿保持适当的距离，悄悄观察幼儿的需要
幼儿遇到问题，示意教师需要帮助，教师坐到幼儿的身边	幼儿摆放好材料后，拿起筷子时，不知正确的握筷方式，他尝试了几次，均无法成功地将动物包子夹起	教师看到幼儿有需要后，及时到幼儿身边询问："××，你遇到了什么困难？"
教师示范握筷的姿势，引导幼儿尝试，必要时给予纠正，直至姿势正确	幼儿和教师互动，观察教师示范的握筷姿势并进行模仿	教师先示范准确的握筷姿势，再基于幼儿的操作情况予以纠正，帮助幼儿记住正确的握筷姿势
教师鼓励幼儿尝试夹取动物包子，进一步分析失败的原因	幼儿尝试夹取，姿势正确但仍未能成功地夹起动物包子	教师观察，肯定幼儿的姿势正确，并提示在使用筷子时手部力度的强弱，鼓励幼儿尝试操作
幼儿完成操作，教师与幼儿共同分析成功与失败的原因	幼儿尝试几次后，成功地夹起动物包子，并重复了三次操作。中班的幼儿有一定的学习经验及反思经验，他们能较快地领悟一些新的方法，并在实践中加以运用，使探索活动更容易取得成功	教师肯定幼儿的进步与坚持不懈的品质，和幼儿分析夹动物包子失败的原因，鼓励幼儿继续尝试，告知她能熟练完成"夹动物包子"的材料操作后，可尝试探索"夹花生"的材料

（五）幼儿发展与教师支持

1. 幼儿学习品质分析

（1）针对幼儿发展的研究

中班的幼儿相较小班幼儿对区域活动更为熟悉，也积累了更多的经验，能够独立自主地进区选取材料。在个别探究时，会因好奇而优先选取一些有一定挑战性的材料。像这份"夹动物包子"材料，之前该幼儿尝试用辅助筷子夹取过海绵球和海绵包子等，已有的成功经验促使她想挑战一下真实的筷子。在遇到困难时，幼儿能主动向老师寻求帮助并锲而不舍地完成操作。

（2）基于教师行为的分析

图 3-2　教师观察幼儿操作

教师在幼儿自由选择材料、开始探究材料时，根据幼儿的发展情况，并没有对幼儿进行干预，而是在幼儿旁边默默地观察。看到幼儿遇到困难，教师只是积极地观察，当幼儿有了真正的需要时，教师才走到幼儿的身边（见图3-2），予以幼儿经验和精神上的支持，鼓励幼儿继续操作。

2. 幼儿领域发展分析

（1）针对幼儿发展的研究

幼儿通过在生活区操作筷子夹取食物的练习，有效地为上大班时真正使用筷子进餐打下基础。

（2）基于教师行为的分析

教师能根据该幼儿在探索中的表现及其能力发展，在幼儿遇到操作难点时及时给予有针对性的帮助。这份材料是为促进幼儿的动作发展而提供的，因此，对动作的准确性有正确的要求，教师给予幼儿支持时，在指导上应更具体、更准确，以及时纠正幼儿的不规范动作，通过多次正确的操作以巩固她的正确动作，并提高她的抓握能力。

三、大班案例分析

大班生活区中有关基本动作发展的操作材料逐渐减少，更多的是培养幼儿各种动手能力或与生活习惯相结合的综合性材料，这些材料由于内容的增加及操作方法更为复杂，不但在难度上有了跨越性的提高，而且所涉及的分类材料及工具有了数量上的增多。在大班案例分析中，我们选择"制作水果拼盘"这份材料作为观察案例，通过记录幼儿完整操作这份材料的过程中的行为、遇到的困难、各类人与物的互动等，分析教师如何从食品区环境的创设、材料的投放及适宜工具的提供、操作中的指导等方面，为幼儿提供适宜的支持。

（一）幼儿班级：大班

（二）材料名称：制作水果拼盘

（三）材料来源：《指南》5—6岁健康—动作发展—目标3的子目标"4. 能使用简单的劳动工具或用具"

（四）活动实录（见表3-3）

表3-3 大班幼儿生活区活动实录表

活动内容	幼儿行为	教师策略
幼儿自主预约食品区中"制作水果拼盘"的材料	幼儿有目标地预约食品材料，并如期准备好食材进入食品区	教师与幼儿保持一定的距离，观察了解所有幼儿的活动，以便帮助有需要的幼儿
幼儿逐一取出水果，进行加工，教师为其提供工具	幼儿逐一取出材料，分别使用工具进行加工	教师提供适宜的工具（切苹果的工具等）
由于橙子较小且皮厚，幼儿在切橙子时遇到困难	幼儿顺利完成香蕉、苹果的切片操作，但在切橙子时因感到困难而向教师寻求帮助	教师在橙子的表面切下几个切口，鼓励幼儿沿着切口继续完成切片操作
幼儿完成橙子、香蕉等水果的切片操作，开始摆盘	幼儿将各种水果切片摆放在盘中，参照自己喜欢的水果拼盘作品图例进行组合摆放	教师为幼儿提供水果拼盘的作品图集，供幼儿欣赏、挑选、模仿

续表

活动内容	幼儿行为	教师策略
幼儿完成水果的拼盘制作，教师为其作品拍照记录	幼儿根据自己喜欢的拼盘作品图进行改造加工，完成最后的水果造型	教师拍照记录幼儿制作水果拼盘的过程，并为幼儿完成的作品拍照
幼儿邀请好友进区分享美食	幼儿自主拿取三份餐具，摆放在餐桌上，邀请好友进区共享美食	教师为幼儿准备好适量的餐具
幼儿整理材料，教师辅助	幼儿清洗使用过的工具、托盘、餐具等，并将其摆放归位	教师在一旁观察，对于有一定危险性的工具，如水果刀等，指导并提醒幼儿注意清洗的安全后，引导幼儿进行清理，整理材料

（五）幼儿发展与教师支持

1. 幼儿学习品质分析

（1）针对幼儿发展的研究

案例记录中的幼儿为大班的孩子，具有较丰富的区域活动经验，能够较为独立地、有目标地选择自己感兴趣的活动材料，并能在约定时间内有目的地准备自己所需的材料。在实际操作过程中，幼儿能够根据自身的经验和能力预先判断操作的危险系数，且具有基本的安全意识，并能针对操作中遇到的困难及时向教师寻求帮助。通过观察及材料的引导性（如案例中切橙子时教师为幼儿提供的切口，摆盘时教师提供的作品图集等），能坚持不懈、克服困难、认真专注地独立完成材料探索。

（2）基于教师行为的分析

根据大班幼儿的区域活动特点，教师尽可能地不干涉幼儿，更多地让幼儿借助材料的引导性解决问题，克服困难，独立完成材料探索。当幼儿遇到困难时，教师提供具有针对性的指导而非代劳，既能让幼儿顺利地完成操作，能力得到有效提高，又不会让他产生依赖心理。

2. 幼儿领域发展分析

（1）针对幼儿发展的研究

幼儿能够正确地运用不同的工具进行多种水果的加工，并能在初次操作此份材料时，通过观察操作图册完成水果切片的艺术加工、造型，形成具有一定美感的食物作品。通过邀请朋友一同分享美食，了解一定的餐桌礼仪，使幼儿的社会性得到了进一步发展。

（2）基于教师行为的分析

教师能基于对幼儿能力及经验的了解提供适宜的工具。例如，苹果去皮这一操作不适合学龄前儿童，于是教师提供已削皮的苹果；又如，针对幼儿第一次操作这份食品区材料，教师为其提供一些图例以使幼儿理解水果拼盘的概念。此外，教师能基于幼儿本次活动中的情况，尤其是幼儿遇到的困难，及时提供符合其最近发展区的指引（见图3-3）。例如，幼儿已有切水果的经历，但针对橙子皮厚且体积小的特点，教师及时给予隐性指引——提供切口的方式，让幼儿感知正确的切口位置，从而顺利完成后续剥皮及切片的操作。

图 3-3　教师在区域中的支持

第二节　生活区学习故事

在区域活动中，幼儿根据自己的认知水平、能力发展、兴趣爱好，自主地选择适宜的材料进行探索，并在探索与研究过程中获得新的发展。由于幼儿对材料选择有绝对的自主权，因此，一次或几次活动中材料对幼儿发展的影响并不明显，但经过一个周期或比较长的一段时间，幼儿选择材料的适宜性就会在幼儿的发展中表现出来。有的幼儿因均衡地在各个区域进行选择并开展探索，其发展会相应的比较平衡；有的幼儿由于个人的特别爱好，可能会持续在一个区域重复某种单一活动，而这种单一活动的探索又没有突破或提高，这样幼儿在活动中的发展将不能持续推进，他们在区域中开展的探索就成为一种无效或有效性极低的探索。因此，周期性地对幼儿进行一个区域的追踪与记录，并根据相关记录材料对幼儿进行发展水平的分析，为他们提供后续发展的支持，是区域活动中教师最应该具备的能力与素质。在教师为幼儿提供的支持中，材料的支持是至关重要的因素之一，教师及时地调整、更新材料，为幼儿的成长提供"支架"，满足他们的需要，促进他们的发展。那么，怎样才能做好幼儿周期性的单一区域活动和学习追踪记录呢？下面我们将以生活区为例，具体呈现教师在生活区中观察、评价幼儿，为幼儿及时提供材料支撑，促进幼儿个性化成长的案例，以利于一线教师在实践中借鉴与运用。

一、教师记录方法

区域活动是促进幼儿差异化发展的最佳教学模式。在进行区域探索时，幼儿完全根据自己的需要与发展水平选择材料，因此，通过区域活动，每个幼儿在知识、能力、情感、技能等方面会因为个别化的发展而呈现个体自身的特点，智力优势会有明显的显现。由于在区域活动中每个幼儿探究的材料不同，发展又各有差异，因此在为个别幼儿做追踪记录时，教师不能用统一的时间、统一的标准进行记录，而应该发现幼儿的个体差异，根据每个幼儿的特点开展有效的追踪观察、科学记录、综合评价，并根据幼儿真实而准确的发展对他们的后期发展提出要求，设计、制作有效的支持材料，以确保每一个幼儿能在其自身水平的基础上得到发展。

第三章 教师对幼儿的支持

（一）情况分析

幼儿的生活能力，会因为每个幼儿的家庭教养方式、动作发展、心智水平、年龄大小等因素的不同，而存在着一定的差异。在生活区进行追踪记录时，教师首先应对记录的幼儿进行有关生活能力方面的情况分析，为了让分析更为科学而准确，在分析前，教师应对照《纲要》和《指南》中有关幼儿生活能力发展的要求，详细地评析出幼儿观察前的真实状态，找出幼儿在生活方面的"最近发展区"，以便更为准确地为幼儿提供有效的材料及指导策略的"支架"。

（二）记录时间

学习故事中的记录时间不仅有单次语言区域活动记录时间，更重要的是一个阶段或一个周期里有连续性教育意义的追踪记录。

1. 周期记录时间

学习故事中的记录是一种追踪式的记录，由于幼儿在区域活动中的活动，是幼儿自主选择区域地点，自由选择材料开展探索而进行的，幼儿不可能因为教师需要记录就集中而连续地在某一区域活动，因此，要对一个幼儿开展周期性的观察与记录，需要教师在幼儿活动时特别地留意，记录幼儿的行为与各种表现，准确地抓住有特别意义的特征，提高记录的有效性。

周期记录分为两种时间长度：一种是以幼儿三年在园时间为周期，对幼儿在生活区的活动情况进行整体追踪记录，这种记录是为幼儿留下其在生活区的成长足迹；而另一种是针对幼儿在生活领域某一方面的特别需求或某些特别发展而有目的地追踪记录，以帮助幼儿突破生活方面的某些能力或培养某种习惯等专门进行的。以三年为周期的记录，由于时间长，而且涉及生活领域的各个方面，因此教师在做记录时，要根据《纲要》与《指南》中生活区对幼儿提出的目标、要求，解析出相应的分类条目，教师在活动中依据条目细致而清晰地对幼儿的活动开展分类记录，使幼儿在园期间在生活区的发展留下清楚的记录轨迹。与以三年为周期开展的记录相比，因有特别需求而开展的周期记录，在时间长度上相对短一些，而且长度不固定，在问题解决后追踪记录也可以结束。对于这种基于问题而产生的记录，教师事先应做好相应的预知计划，根据预知计划进行观察与记录，随着幼儿的发展变化，教师还需要及时地调整计划与方法，通过教师为幼儿记录的学习故事，使幼儿在生活领域有所突破，其生活能力得到全面而有个性的发展。

2. 当次记录时间

周期记录是由一次又一次有目的的单独活动记录组成的。组成周期记录中的当次记录，是在教师有准备的预知计划中有针对性的活动记录，这一记录时间是从幼儿进入区域探索开始，到活动后教师为幼儿写出活动反思并提出下一步发展期望为止。这一记录时间并不是单一的幼儿在区域活动的时间，活动中的探索记录固然重要，但教师后期的总结、反思与提出的"支架"方案更重要，因此教师做这些事情所用的时间均应纳入当次记录时间范畴之内。

（三）记录内容

学习故事中有教师对幼儿活动的记录，也有教师对活动中情况的总结，还有对幼儿发展的反思，以及活动后对幼儿进一步发展提出的建议等，是由多方面内容所组成的。

1. 活动现场记录

语言区、数学区等文化区材料中，为了更方便地记录，教师会为文化区材料设计活动记录单，这种记录单实现了幼儿的区域活动过程的"可视化"。但在生活区材料中，有许多是真实的生活用品、生活食材，幼儿的操作活动是一种真实生活的再现，如果刻意地设计记录单来记录幼儿的活动过程，有悖于生活区设置的初衷。在生活区的活动现场做记录时，教师更多的是通过搜集幼儿活动过程中的成果（鞋垫、绣品等）、教师拍照及录像记录，还可以采用教师语言描述、设计相关的图表记录等多种记录方法。教师在选用生活区幼儿活动记录方法时，应根据幼儿探索材料的具体情况来进行，还要考虑作品是否便于收集与收藏。比如，幼儿完成的成果可能有食品，这些食品成品为馒头或面包，不方便收集，为了让幼儿有记录的痕迹，教师就需要将成品拍成照片进行收集，而如果幼儿做的是编织、刺绣等活动，那么成品就便于收集。

由于生活区的材料记录单少，教师还可有针对性地设计活动记录表格，通过文字来记录活动情况，这也是在生活区运用较多的记录方法之一。总之，由于生活区活动中的记录是个性化记录，相对来说工作量大，由于活动中的观察任务重，因此教师一定要选择并设计最适宜的方法来开展记录，以提高区域记录的高效性。

2. 教师观察描述

无论教师采用哪一种生活区学习故事记录方法，都需要在记录中运用一定的语言。要将幼儿在生活区活动中的一些有特殊表现的行为，有特别意义的习惯，有突破性学习能力的提升，或出现某些不一样的问题等各种特殊情况进行观察描述、认真记录，这些在作品、表格、照片中很难真实地反映出来，如果当时教师不用语言将此方面的情况进行描述，过一段时间后，教师就会忘记。要使学习故事成为后期研究的有益材料，教师应及时地将幼儿在生活区活动中的表现，借用语言的描述进行详细的记录，为后期查找资料提供具体而翔实的依据。

3. 教师评价过程

由于幼儿在发展方向、发展速度、发展潜力等方面有差异，教师在对每个幼儿开展评价时，除了要关注幼儿整体的年龄特点与发展规律，更要针对每个幼儿的特点及个体差异来进行分析与研究，从情感、知识、能力以及学习品质四方面发现他们的优势与不足。在生活区的自由探索活动中，幼儿的选择首先是基于他们对活动的兴趣，幼儿在活动中的情感是决定他们对活动坚持性长短的首要因素，情感也应该作为教师在评价幼儿活动表现时首先要关注的方面。另外，生活区材料对幼儿知识、能力的促进，是材料有效性的检验，也是教师设计制作材料的关键，所以对于幼儿在材料探索中是否有知识的增长或能力的提高，教师也需要重点进行评价。最后，生活区是其他区域活动的预备区，在生活区活动中幼儿有没有形成良好的习惯，有没有为其他区域活动打好基础，也是教师应该关注的方面。无论教师开展哪方面的评价，都应本着客观、真实的原则，实事求是地评价每一个幼儿及幼儿的相关活动，随时注意观察幼儿的变化，随时总结，以便后续及时调整实施策略和教育过程，关注教育的有效性。

4. 下一步发展建议

下一步发展建议是希望教师在分析幼儿个体差异的基础上，根据每个幼儿的培养重点和现有水平，选择制定不同的培养目标，让每个幼儿在自身基础上得到发展。由于区域活动过程中每个幼儿的活动内容都有所不同，如果不关注幼儿的当前水平，提出对每一不同个体的不同发展期望，那么幼儿在区域活动中的活动可能就会有所偏重，或存在盲目性。比如，某幼儿由于在一段时间内没有得到教师的关注，长时间在生活区中重复操作同一份材料，且数次操作中并没有任何突破或进步，如果教师不针对此幼儿的当前活动进行反思，并提出下一步发展建议，那么这个幼儿的生活区活动就失去了意义。

教师在生活区提出下一步发展建议的原则、提出的下一步发展目标以及下一步活动重点都应该尊重幼儿自身的特点，真正体现促进每一个幼儿的个性化发展。

5. 支架发展材料

区域活动最能促进幼儿发展的基石是区域中的一份份操作材料，而能支架幼儿发展的是基于幼儿在生活区能力与发展水平的"最近发展区"，对幼儿有一定挑战与难度的材料。在为幼儿做学习故事记录时，教师心中的支架发展材料，是教师在幼儿前一次活动基础上，观察幼儿活动过程中的表现，并从各方面分析幼儿的当前发展水平，在幼儿现在的发展基准上，对幼儿提出新的期望值后，寻找并发现的适合幼儿下一步发展需要的材料。对于能支架幼儿下一阶段发展的生活区材料，在教师当前的资源库中已有的，教师需要找出来呈现在生活区材料柜中，以便让幼儿在后续活动中能找到适合他发展的材料。而如果支架幼儿发展的材料是当前的资源库中没有的，那么教师需要去设计、制作新的材料，并及时呈现，以满足幼儿的学习与发展需要。

二、教师记录案例

以下呈现的记录案例（也是学习故事），是深圳市莲花二村幼儿园教师开展生活区活动的过程中，在一个周期内，有目的、有计划地持续观察、记录班级一位插班幼儿在每一次生活区活动中的情况，并在活动后对幼儿的活动进行分析、研究，找出适宜的对策，为幼儿的后续发展提供有针对性的支持。这些记录由现场记录、活动分析、活动反思组成。通过一次次的记录，我们可以看到幼儿的成长轨迹。

（一）幼儿情况分析

观察班级：莲子C班

观察教师：H老师

幼　　儿：C小朋友

出生日期：2011年11月29日

入园日期：2016年2月1日

幼儿分析：

C小朋友是莲子C班上学期新转来的一位幼儿，年龄符合班级幼儿的正常年龄，虽然中途转入，但社会性发展较好，能积极主动地与教师、同伴交往，并在有困难时及时寻求帮助，探索愿望强烈，愿意挑战新的活动材料。通过半年多的幼儿园生活、学习，她在各方面逐渐适应。由于她的年龄较大，动作、心智等的发展有了一定的基础，因此她在操作很多低层次的材料时比年龄小的幼儿要顺利,在区域活动中进步较快。但由于是插班生,该幼儿没有经历小班、中班生活区的基础材料操作,在操作复杂一些的材料时,相对而言,该幼儿还是有一些需要完善的地方。近期,她对食品区的相关材料产生了强烈的兴趣,多次希望预约食品区的相关材料。为了让她尽快地满足发展愿望,教师准备有目的、有计划地对她在生活区探索食品材料中的发展进行追踪记录,以帮助她突破某些方面的不足,让她更为顺利地探索需要操作的材料,更好地实现其心中的目标。

追踪前期,教师首先观察了解她的实际情况及成长过程中所出现的敏感期特征,研究她的"最近发展区",然后及时地制作、调整、增添能满足她发展需要的特别研究性材料,运用推荐、引导、与之合作等方法让她发现能帮助其更好地完成食品制作的辅助材料,鼓励她积极探索新的、更高层次的食品区材料。

在整个追踪周期中,教师充分尊重她自身的发展特点,尽力为她准备帮助其达到新目标所需要的环境及材料。活动时重点且细致地观察她在探索过程中的表现,开展反思与分析,既发现她在动手操作、生活能力方面的优势条件,也寻找她在操作材料过程中所存在的问题及困难,针对评价结果,为她的后续操作提供适宜性的支持,也为她提供消除发展阻碍的其他区域材料,一方面促使她更好地发展基本的小肌肉动作,另一方面引导她通过探索与之相关的其他区域材料来提高自身其他方面的能力,降低对食品区材料操作的难度,尽快地满足她的内心需要。

第三章 教师对幼儿的支持

（二）教师支持实录

活动影像记录

教师观察描述：幼儿在教师引导下进入生活区选取了一份"夹海绵块"的材料。取出材料后，她自己先观察筷子和两个碗。然后她握住筷子，询问教师握姿是否正确后，开始了夹海绵块的操作。前几次筷子打开合不上，好几次都未能成功。筷子能合上后，移动时海绵块又掉了，幼儿调整了一下手握筷子的高度，并将移动速度放慢，终于在第五次时成功地完成了夹海绵块的操作。

教师评价过程：幼儿今天的活动是教师基于幼儿有操作生活区所有食品材料的需要，为她分步突破材料操作难点而引导她进行的。由于幼儿是插班生，在中、小班手部精细动作的基本材料操作上有缺失，因此幼儿在使用筷子时有一定的难度，但在操作过程中，幼儿能克服困难，调整自己的动作，坚持完成活动。

下一步发展建议：基于对幼儿特殊情况的了解，教师可适当满足其情感要求。此外，在能力需求层面，比起其他探索性操作，握筷子的相关操作更需要幼儿强化巩固。形成抓握记忆、熟练掌握这一技能即可，因此初期教师可提供给幼儿相对容易夹取的物品，适当降低操作难度，随着幼儿相关经验的丰富，再调整其他夹取物。

支架发展材料：

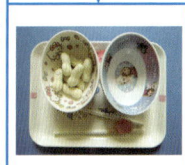
夹花生

夹包子

夹珠子

……

记录时间：2016-10-16 材料名称：夹海绵块

幼儿自主地选择了"敲鸡蛋"的材料。拿到材料后,幼儿先找到教师,根据自己积累的生活经验,向教师讲述了自己理解的敲鸡蛋过程。教师没有评价幼儿的理解是否正确,而是鼓励她大胆操作材料开展探索。幼儿到桌前抓握住鸡蛋,开始几次有的敲击力度较小,需要反复敲击,有的又因力度太大导致蛋液流到碗外。最后,幼儿敲击时的力度把握得比较好。

幼儿对于食品比较谨慎,活动前急于找到方法再操作,所以才找教师咨询。在教师的鼓励下,她能大胆地进行探索,而且幼儿在活动中有一定的反思和总结能力,力度小了,她就使用大一点的力度。此外,她还有坚持性,在两三次没有成功的情况下,仍然坚持不懈地持续探究,最终获得了比较好的结果。

教师基于幼儿的已有经验,在她选择了这份材料后,尊重她的选择。幼儿几次操作失败时,教师并未立即给予指导,而是让她通过试误,真正掌握自己适合的力度,探索鸡蛋的敲击点。下一步教师可引导幼儿再尝试几次,以巩固其相关能力,并鼓励家长积极支持幼儿在家中更多地尝试。

切鸡蛋

蒸水蛋

动物烤麸

……

活动影像记录

教师观察描述

教师评价过程

下一步发展建议

支架发展材料

记录时间:2016-11-02   材料名称:敲鸡蛋

第三章 教师对幼儿的支持

今天，幼儿在教师前期建议下，选择了一份"制作水果沙拉"的材料。操作前，她先观察操作卡，并尝试进行独立操作。在操作到切水果的步骤时，幼儿示意教师需要引导，教师随即与她一起探索材料，重点指导了她握刀的正确姿势并做了安全提示，明确幼儿已了解后，教师请幼儿继续独立探索，最终幼儿完成了切水果的及拌水果的操作，成功完成了水果沙拉的制作。

幼儿在材料探索过程中思路非常清晰，能独立完成的部分，她主动自己操作，而在遇到困难时，她能主动寻求教师的帮助，并在解决问题后继续完成操作步骤。幼儿的初步学习品质已形成，虽然在生活能力方面基础不足，但幼儿能努力通过不断的探索提高自己在生活领域的能力。

幼儿在制作水果沙拉的活动中，对生活区材料的探索程序有了清晰的认识，而且在今天的活动中能完成具有多层内容的材料探索，还突破了食品区工作中"切"这一具有挑战性的操作。下一步教师可提供给幼儿更为复杂的食品材料，如切与蒸组合、揉、切等材料，为她的进一步发展预设好支架。

香蕉奶昔

青柠蜜饮

寿司拼盘

……

活动影像记录

教师观察描述

教师评价过程

下一步发展建议

支架发展材料

记录时间：2016-11-29　材料名称：制作水果沙拉

幼儿园生活区材料设计与评价

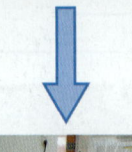

此活动是幼儿在教师引导其分步骤突破相关难点后自主预约的。幼儿选取了"制作小松饼"的材料。幼儿能根据教师提供的操作图及在平时活动中对同伴制作的观察，逐步完成操作。幼儿能够正确进行敲鸡蛋、拌面的操作，能根据需要的大小切面，摆盘后进行烧烤，松饼烤熟后，能使用筷子将松饼从烤盘中夹出并进行摆盘。

幼儿在制作松饼的过程中，既能根据操作图片的引导进行观察，也能回忆以往观察到的同伴操作的情形，可以看出，幼儿在学习中有一定的经验总结能力及提出经验再次运用的能力。而前期她在生活区的表现已表明，她虽然为插班生，但经过不断探索与发现，其生活能力与班级现有幼儿的能力已无明显差异，且其学习品质已优于班级的许多幼儿。

基于幼儿在本次生活区材料操作中的表现，以及她在生活区的能力积累，教师对该幼儿的期望可以往幼小衔接方面发展。与生活区食品工作目标中幼小衔接方面相关的是让幼儿能独立制作简单的中餐、早餐，上学后能做到简单的生活自理。后期，教师可引导幼儿完成开心饭团、手擀面、包饺子等材料的探索。

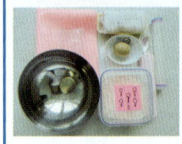

开心饭团

手擀面

包饺子

……

活动影像记录

教师观察描述

教师评价过程

下一步发展建议

支架发展材料

记录时间：2017-01-05　材料名称：制作小松饼

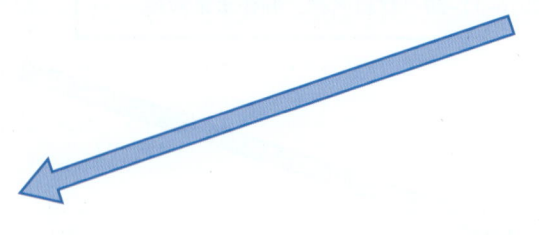

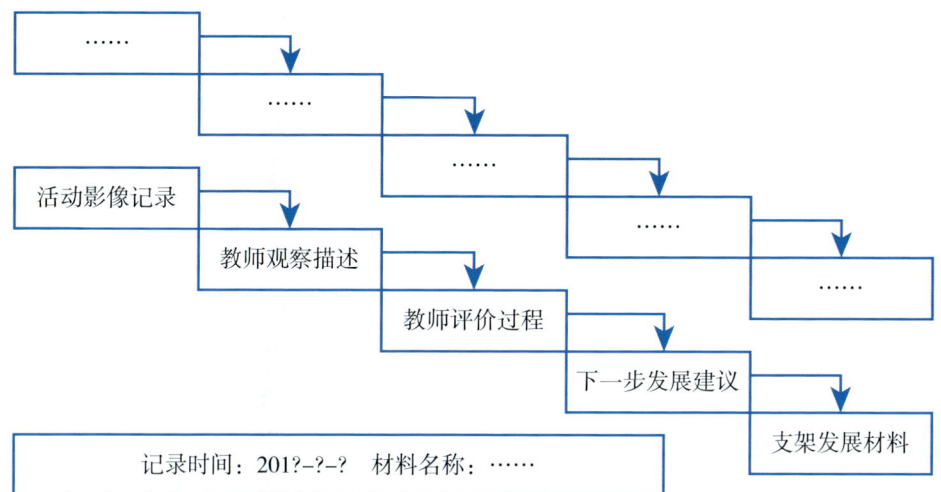

生活区不像数学区、语言区等文化区那样有大量的纸张记录单，以此来记录幼儿的活动过程及活动结果。生活区的成果大多是制作的食品或手工制作用品，这些成品有的是食物，不方便长时间存放，有的是手工制品，体积大，不方便储存在档案袋中。在生活区开展记录时，为了更好地呈现幼儿的活动过程，教师可能要更多地用拍照、清单或逸事记录的方式记录儿童的进步、困难和成就，同时通过这些方式来记录这一周期内幼儿与材料的互动过程，教师的观察、反思、评价等教育行为，以及教师诊断后为幼儿提供的支架材料等多方面信息，并全面展现幼儿园课程中幼儿如何开展生活区材料的探索。

以上记录摘自教师的观察记录本，所呈现的是 2016 年 10 月到 2017 年 1 月期间，C 小朋友先后操作生活区中不同的食品区材料前后发展变化的部分代表性案例。我们会鼓励教师通过学习故事的方式记录、评价儿童。为了让记录线索更为清晰、明确，在此，我们只进行了生活区某一类别材料（食品材料）的呈现。

第四章
生活区活动评价

《纲要》中指出："教育评价是幼儿园教育工作的重要组成部分，是了解教育的适宜性、有效性，调整和改进工作，促进每一个幼儿发展，提高教育质量的必要手段。"通过评价，教师可以及时了解幼儿的已有经验，准确地捕捉幼儿的"最近发展区"，并给予更适宜的支持。

我们在《幼儿园区域活动——环境创设与活动设计方法》一书中已对区域活动的分析与评价进行了全面而详细的阐述，而对于生活区活动的评价，我们将在本书中进行有针对性的介绍。在生活区活动的评价中，离不开"区域中的材料"和"活动中的幼儿"两大评价对象。生活区材料是生活区活动的核心要素，它直接影响着生活区环境的创设，影响着师幼互动的质量，还影响着幼儿良好学习品质的形成，影响着教师创设的生活区能否真正实现其教育功能。生活区活动中的幼儿状态是评价生活区活动的关键要素，幼儿通过与生活区材料的互动获得个性化的发展，只有通过对幼儿进行评价，才能了解生活区是否真正实现了其教育功能，是否真正促进了幼儿各个方面的发展。

在本章中，我们将紧紧围绕"生活区材料评价方式"和"生活区幼儿活动评析方法"这两大元素，运用语言、图片、音像等各种动态化的观察记录形式，真实、完整地记录下幼儿在生活区的各种表现，并通过收集到的各种数据进行理性的评价与分析，从而有效地调整生活区材料及教学策略，为幼儿的后续发展提供有力的支持。

第四章 生活区活动评价

第一节 生活区材料评价方式

我们常说，日常生活是幼儿学习的源泉。生活区作为幼儿园所有区域活动中的预备区域，是整个区域活动的准备和前提。《幼儿园区域活动——环境创设与活动设计方法》一书中提到："生活区选取与幼儿生活经验贴近的、以日常生活练习为主要内容的活动材料，主要通过提供一些真实的活动内容和情境，围绕发展幼儿的基本动作、自我服务能力、照顾环境、生活礼仪等几个方面进行。"教师为幼儿提供适宜的生活区材料，不仅能够帮助幼儿掌握基本的生活技能、学会照顾自己、提高自理能力，还有助于发展幼儿其他方面的能力。在评价生活区材料时，以生活区以幼儿生活经验为主的特点为依据，不仅要将本区域的若干材料作为评价对象，还需要将班级幼儿在区域中的各种表现作为评价对象。教师根据评价中所获得的各类数据，科学地分析出生活区最适宜的操作材料，把握班级幼儿的发展情况及不同个体之间的学习层次需求，及时梳理出能够促进幼儿发展的关键性材料，对生活区材料进行适时的调整与更新，最大限度地发挥生活区材料的功能，使幼儿习得必要的生活技巧，实现自我服务能力的提高。

一、生活区材料的评价内容

在生活区，教师根据班级幼儿的实际发展情况，巧妙地将生活区材料与幼儿的实际生活联系起来，为幼儿提供各种操作材料，使幼儿在操作性的学习过程中养成良好的生活习惯，学会照顾自己和他人。在生活区材料的评价内容中，一般都会围绕"材料设计凸显生活的独特价值""材料投放尊重个体发展规律""材料制作激发幼儿的探究兴趣""材料调整考虑个别与整体的需要"等几个方面进行。

（一）材料设计凸显生活的独特价值

幼儿园生活区材料，都是以幼儿的生活经验为基础的，设置生活区的最终目的是让幼儿通过与区域材料的互动，养成良好的生活卫生习惯，具有基本的生活自理能力，掌握必要的安全保健常识，学会保护自己，让幼儿在生活化教育活动后能够更好地自主生活。评价生活区材料的第一要素为教师设计的各种操作材料是否凸显生活的独特价值，是否具有操作性和实用性，等等。

设置生活区，旨在让幼儿通过操作区域中的各种材料，对生活行为进行培养。生活区材料离不开幼儿生活，具有极强的生活化特点。生活区材料的提供是否真正能够为幼儿的生活带来实效，是材料投放最基本的评价标准。教师在设计材料时，要充分考量幼儿的实际生活能力与照顾自己的水平，将难以掌握的生活技能物化为可操作性材料，引入生活区的教育活动当中。教师为各个年龄段的幼儿设计出不同的操作材料，用于弥补各种生活技能的不足，让幼儿在与材料的互动中掌握基本的生活技能，满足现实生活的需要。比如，小班幼儿刚刚入园，自我服务能力和独立动手能力都较弱，为了让幼儿习得基本的生活技能，教师在小班为生活区设计了"捞一捞""毛毛虫""扣布环""拧螺丝""扫石子""插花"等操作材料。通过操作这些材料幼儿的手指灵活性、手眼协调能力、精细动作等都得到了进一步的发展，在操作中也学会了扣扣子、使用勺子以及各种常见的生活用品。大班幼儿即将进入小学，考虑到很多幼儿需要照顾好自己的生活起居，在大班生活区，教师设计了"缝扣子""开锁""编辫子""蒸水蛋""煮米饭"等操作材料，幼儿在操作这些材料的过程中，掌握了基本的生活技能，学会了照顾自己，并从中体验到了自我服务的快乐。这些材料的提供，在较大程度上满足了幼儿生活的需要。

所有设计出的生活区材料，都需要把握材料精美完整、大小合适、数量适宜、真实情境、安全和谐等原则，而这些原则都是以"可操作性"为前提的。教师为幼儿提供可操作的"半成品、低结构化的活动材料"，能够充分发挥幼儿的主观能动性，强化幼儿的学习行为，让幼儿在开放式的学习环境中大胆地想象与探索。精美完整的可操作性材料能快速吸引幼儿，有助于幼儿保持注意力，形成良好的专注力等；大小合适、数量适宜的可操作性材料保证了生活区教育内容的适宜性，是幼儿在操作中获得成功的前提；生活区有别于其他区域的重要不同之处在于，生活区各项发展目标的落实都与幼儿在真实的情境中练习密不可分；安全和谐是区域活动中对材料的基本要求。所以，设计可操作性的材料能够让幼儿建构自己的知识体系，在学习的主动性、积极性以及创造性等各方面获得个性化发展，可操作性材料更能够体现区域活动的教育价值。

（二）材料投放尊重个体发展规律

随着幼儿年龄的变化，他们的认知需求也会逐步增强，幼儿个体之间会出现不同的兴趣、爱好以及个性化的发展方向。在评价生活区材料时，材料投放是否尊重幼儿个体发展规律也是重要评价指标之一。教师在设计、开发、投放生活区材料时，应该根据幼儿的年龄特点、兴趣爱好、个性特点、发展差异，把握好材料投放的层次性与差异性，让幼儿在符合个人发展速度的适宜材料中获得全身协调性的发展。

以生活区基本动作练习为例：小班幼儿处于生活自理的初始阶段，在基本动作的练习中，教师为其投放的是练习拿、舀、抓、穿、倒、折等精准动作要求较高的材料，这些基本动作的练习能够帮助幼儿发展手指配合的协调性。随着幼儿年龄的增长，中班幼儿的动手能力、自理能力已经明显增强，教师为其投放了拧、剪、贴、切、按等相关材料，以此提高幼儿的动手能力，使其小肌肉协调能力在练习的过程中得到大幅提高。当幼儿从中班过渡到大班时，由于幼儿在前期已积累了一定的生活经验，其基本动作的协调能力相比于小、中班时有了明显的改善，所以教师根据大班幼儿的年龄特点和发展路径投放材料，材料体现出由简单到复杂，操作难度不一的特点，大班生活区基本动作的材料涉及捏、夹、擦、卷、旋转、编织等动作，这些材料的投放都有助于幼儿练习手指、手腕、手掌的协调能力和灵活性。从以上基本动作方面的材料提供中可以看出：在生活区投放具有层次性、差异性的材料，不仅尊重幼儿的个体发展规律，还满足了不同个体的学习需求，真正实现了让每一个幼儿的能力在原有水平上得到提高。

(三) 材料制作激发幼儿的探究兴趣

教师为幼儿制作出来的生活区材料，是否能够激发幼儿的探究兴趣、是否真正满足了幼儿的内在需求，也是缺一不可的评价内容。相应的评价指标主要涵盖材料的趣味性、丰富性、引导性、情境性以及合作性五大方面。材料只有达到了这五个方面的要求，幼儿的主动参与度和与材料的互动概率才能够得以提升。

教师通过长期的实践发现，能够激发幼儿主动探究的操作材料深受幼儿欢迎，探究性材料需要从材料的外形、结构、色彩搭配、情境化设计、生活化特征明显等方面进行综合性评价。如：小班幼儿年龄小，有意注意的持续时间较短，需要在短时间内完成操作，因此，教师应该尽可能地设计立体化、直观化、大小适合取放及操作的材料，材料的颜色不宜过多，尽量控制在两种颜色以内，以免分散幼儿的注意力。中班幼儿以具体形象思维为主，动作的灵活性和创造性得到了进一步发展，能够手眼协调地完成相对复杂的操作活动，因此提供给中班幼儿操作的材料在外形方面可以适当多样化，在颜色方面可增加鲜明度和种类。大班幼儿已经初步形成学习品质，动作的协调性、灵敏性有了很大的发展，能够操作精细化程度较高的材料，大班的生活区出现了编织、刺绣等方面的材料，颜色繁多，色彩的差异性明显减少。因此，制作能够激发幼儿探究兴趣的材料，可以让幼儿在自主探索中实现经验的积累。

在评价教师制作的材料时，还应该评价材料是否具有丰富性。这一点需要从材料的种类和材料的数量两个方面进行评价。在生活区投放数量足够多的材料是幼儿探究性学习的物质保障，它能够为幼儿提供获得多种生活经验的渠道，有助于幼儿循序渐进地学习，达到发展自身生活技能和基本动作的目的。生活区的材料涉及基本动作发展、自我服务能力、照顾环境等方面的内容，教师根据不同年龄段幼儿的需求，围绕这几个方面的内容进行投放，从小班到大班，随着幼儿小肌肉动作、照顾自己与他人等各方面能力的增强，生活区材料的数量也从几十份到十几份逐步减少。在生活区中，操作"捞一捞""扎草莓""漏斗倒水""七彩小鱼""开锁"等材料的活动属于基本动作的练习；操作"晾衣服""洗毛巾""缝扣子""编辫子""绣花"等材料的活动属于提高自我服务能力的练习；操作"扫石子""插花"等材料的活动属于照顾环境的体验式学习。教师可根据本班幼儿的实际情况，为幼儿提供丰富的操作材料，以培养幼儿良好的生活习惯和自我服务能力。

"材料是幼儿的另一位老师"，教师为幼儿设计出具有引导性的生活区材料，目的是让幼儿通过与材料的互动实现教育目标。教师将大部分的指导以物化的方式隐藏在材料当中，幼儿在操作材料时，通常会在材料隐形的引导下实现自我探究与自主学习，确保达到每一份材料的教育目标。在评价材料是否具有引导性时，首先，需要考察教师为幼儿提供的材料目标是否清晰，能否促进幼儿某一方面的发展；其次，需要观察教师是否为幼儿提供了半成品材料，在每一份半成品材料中，教师都设计了引导暗示，通过材料的引导幼儿能够将半成品制作成成品；最后，当幼儿在操作材料的过程中遇到困难时，教师适时、适宜地进行指导，幼儿能够在较短的时间内通过材料中的隐形引导完成操作，获得相关的生活经验。

比如，小班"扎草莓"（见图4-1）这一活动的目标是学习按压图钉及拔出图钉的正确方法，通过拿、按、拔等操作活动，锻炼幼儿手部小肌肉的灵敏性。教师为幼儿提供的材料是一个草莓形状的底板和少量图钉，草莓底板上画有与图钉数量相等的白色点点，幼儿操作材料时将图钉依次按入草莓底板的白色点点中，图钉按完后呈现在幼儿面前的是一幅完整的草莓图片。从这份材料中可以看出，材料的引导性表现在两个方面：其一，图钉的数量与草莓身上白色点点的数量一样多；其二，草莓身上的白色点点间的距离是教师事先设计好的，这样避免了幼儿在按图钉的过程中因图钉过密而受伤。以上实例可以说明，材料的引导能够真正保证幼儿在探究中获得相关的生活经验，切实符合生活区的教育目标，真正实现材料的教育功能。

图 4-1 "扎草莓"的材料

情境性材料在生活区投放的数量特别多，这也是生活区有别于其他区域的明显特征，同时也是教师评价生活区的内容之一。教师为生活区设计材料时把握"富有情境的事物更能吸引幼儿，更能激发幼儿的探索欲望"这一教育原则，尽可能开发出直观、形象，带有情境色彩和生活体验的材料，如中班"给娃娃洗澡"的材料

图 4-2 "给娃娃洗澡"的材料

（见图 4-2），教师为幼儿选择了外形可爱且大小适中的塑胶仿真娃娃、适宜的小澡盆、防水小围裙、小袖套、卡通毛巾、沐浴露等日用品，为幼儿创设了一个真实的情境，以此增强他们主动操作材料的兴趣，使其在与材料互动的过程中提高自我服务与照顾他人的基本能力。

（四）材料调整考虑个别与整体的需要

当幼儿在操作生活区材料的过程中出现以下情形时，教师应该考虑对区域中的材料进行调整。有时，幼儿长时间地不愿与区域中的某一份材料互动，在区域活动时间选择去生活区的人数明显减少，幼儿在活动中频繁地更换材料……一旦出现这些现象，教师就应该适时、科学地对班级幼儿的发展现状进行一次评价。此外，还应该评价生活区现有的材料是否满足了幼儿的发展需要，教师根据评价结果适度、适量地调整生活区已有的材料，在调整时间上做到随机性与整体性相结合，在材料内容上做到个别幼儿的需求与整体幼儿的发展相结合。比如，从生活区材料目录中可以看出：小班要重视基本动作的练习，教师为小班幼儿投放的大多是练习小肌肉动作的材料；中班幼儿已经具备了一定的社会交往能力，教师在中班投放了一些照顾自然环境以及他人的材料；大班的生活区材料偏重于自我服务能力的培养，因此更多地体现在照顾自己及自我服务等方面。根据对不同年龄段生活区所投放的材料进行的分析，教师在生活区材料的后续调整中，应该尊重幼儿的发展规律，充分考虑个别与整体的需求，并以此为依据合理地、科学地投放和调整生活区材料，这样才能更好地挖掘幼儿主体学习的内在潜能，为幼儿的全面发展奠定更好的基础。

下面是小、中、大班幼儿生活区材料评价表（见表4-1、表4-2、表4-3）。

表4-1 小班幼儿生活区材料评价表

评价内容 材料名称	材料设计凸显生活的独特价值	材料投放尊重个体发展规律	材料制作激发幼儿的探究兴趣	材料调整考虑个别与整体的需要
捞一捞				
小鸟在唱歌				
毛毛虫				
扎草莓				
扣布环				
拧螺丝				
漏斗倒水				

续表

评价内容 材料名称	材料设计凸显生活的独特价值	材料投放尊重个体发展规律	材料制作激发幼儿的探究兴趣	材料调整考虑个别与整体的需要
扫石子				
插花				
漂亮的饰品盒				
夹包子				
水果串				
剥花生				
榨橙汁				
做汤圆				
制作水果沙拉				
……				

表 4-2 中班幼儿生活区材料评价表

评价内容 材料名称	材料设计凸显生活的独特价值	材料投放尊重个体发展规律	材料制作激发幼儿的探究兴趣	材料调整考虑个别与整体的需要
瓢虫找妈妈				
洗毛巾				
卷铅笔				
晾衣服				
照顾花草				
给娃娃洗澡				
熨裤子				

续表

评价内容 材料名称	材料设计凸显生活的独特价值	材料投放尊重个体发展规律	材料制作激发幼儿的探究兴趣	材料调整考虑个别与整体的需要
千千结				
十字绣				
编织机				
青柠蜜饮				
切鸡蛋				
香蕉奶昔				
开心饭团				
包饺子				
手擀面				
……				

表 4-3 大班幼儿生活区材料评价表

评价内容 材料名称	材料设计凸显生活的独特价值	材料投放尊重个体发展规律	材料制作激发幼儿的探究兴趣	材料调整考虑个别与整体的需要
七彩小鱼				
开锁				
串手链				
缝扣子				
编辫子				
刨瓜皮				
缝手袋				

续表

评价内容 材料名称	材料设计凸显生活的独特价值	材料投放尊重个体发展规律	材料制作激发幼儿的探究兴趣	材料调整考虑个别与整体的需要
织围巾				
彩虹手链				
绣花				
蒸水蛋				
全西红柿饭				
动物烤麸				
寿司拼盘				
烤饼干				
蒸馒头				
……				

二、中班生活区材料评价表实例

在以上章节中,我们对生活区的材料评价内容进行了较为详尽的描述,下面,我们将以一份莲花二村幼儿园中班教师记录的生活区材料评价表(见表4-4)作为实例。从此中可以看出,教师在材料的操作性与生活化方面记录了材料投放是否满足了幼儿的生活需要;在材料的层次性与差异性方面记录了材料的开发是否尊重幼儿的成长规律;在材料的趣味性、丰富性、引导性、情境性等方面记录了材料的设计是否激发了幼儿的探究兴趣;在材料的后续调整中记录了教师是否满足了幼儿的求知愿望,是否顺应了全体幼儿的梯度发展。真实全面的记录将会使评价更为精准,更能为教师在区域活动的创设、组织和指导中提供强有力的依据。

第四章 生活区活动评价

表 4-4 莲子 E 班幼儿生活区材料评价表

班级：莲子 E 班　　　　　　　　　　　　　　　　　　　幼儿人数：30 人

评价内容 材料名称	材料设计凸显生活的独特价值	材料投放尊重个体发展规律	材料制作激发幼儿的探究兴趣	材料调整考虑个别与整体的需要
瓢虫找妈妈	材料操作性强，幼儿能将所学技能运用到家务劳动中	夹子大小适宜、数量合适，符合幼儿的发展特征	以瓢虫图形为载体，具有极强的趣味性，幼儿喜欢	提供后续材料时，可以将夹子变小、数量增多
洗毛巾	材料操作性强，符合幼儿现实生活的需要	材料投放满足了中班幼儿愿意为他人服务的需求	巧妙地在水盆里设计引导线，能够控制水量	幼儿熟练后，可以提供小袜子、小衣服让幼儿练习
卷铅笔	能够体验到为自己及他人服务的快乐	材料投放有效促进了不同水平幼儿的手部肌肉协调能力	探索按顺时针与逆时针的方向卷铅笔的不同效果，符合幼儿的探究兴趣	提供后续材料时，铅笔可以由粗到细
晾衣服	材料操作性强，符合幼儿的生活需要	投放小号防滑的衣架，充分尊重了幼儿的年龄特征	用真实的小衣裤能够激发幼儿的学习兴趣	后续提供套头衣服，增加操作难度
照顾花草	材料的内容源自幼儿的生活，是幼儿熟悉的事物	选择大叶片无毒植物，考虑到了幼儿的安全及精细动作练习的需要	在特定的情境中完成照顾花草的任务，幼儿喜欢	可以将此活动延伸为在种植角照顾蔬菜、拔草
给娃娃洗澡	能够提高幼儿的自我服务技能	投放的娃娃大小合适，幼儿操作方便	真实的环境能充分激发幼儿的学习兴趣	鼓励幼儿为自己及弟弟妹妹洗澡
熨裤子	材料操作性强，能够为幼儿的生活提供帮助	教师精心挑选的超小号电熨斗便于幼儿操作	挑战性的材料能引发幼儿的探索兴趣	幼儿技能熟练后，可以让幼儿熨衣服等
千千结	操作材料时，幼儿能感受到生活中的美	材料操作能够有效培养幼儿的持久性和专注力	在与同伴的合作中完成材料操作、描画，幼儿表现出极高的兴致	鼓励幼儿自己绘制图案，进行多色钩织

续表

评价内容 材料名称	材料设计凸显生活的独特价值	材料投放尊重个体发展规律	材料制作激发幼儿的探究兴趣	材料调整考虑个别与整体的需要
十字绣	操作中针线和剪刀的使用能够提高幼儿的生活技能	材料的投放尊重了此阶段幼儿的年龄特点	少见的十字绣针和色彩鲜艳的毛线能体现材料的丰富性与情境性	模板可以从简单到复杂
编织机	幼儿能够将学到的技能很好地运用到生活中	编织机大小和皮筋数量符合幼儿的成长规律	虽然操作时间较长,但幼儿能保持较浓厚的兴趣	可以鼓励幼儿编出更多的式样
青柠蜜饮	材料是幼儿喜欢的饮品,更能体现出其独特价值	饮料的味道满足了幼儿的心理需求与兴趣爱好	自己动手制作饮料,操作性强	鼓励幼儿制作出更多不同口味的饮料
切鸡蛋	内容源于幼儿的生活,能满足其需要	能够较好地锻炼幼儿手指的灵活性与手部力量	将切好的鸡蛋与同伴分享,幼儿很开心	提供各种不同的切蛋器用来造型
香蕉奶昔	用熟悉的水果制作奶昔,能满足幼儿的生活需求	操作中很好地锻炼了幼儿的手眼协调能力	用丰富的材料制作奶昔,幼儿很喜欢,要提醒其注意用刀安全	可以制作更多口味的水果沙拉
开心饭团	幼儿能够很好地将经验延伸到生活中	练习双手的灵活性与控制力,尊重了幼儿的年龄特征	与同伴合作完成任务、共同分享,幼儿很开心	可更换饭团材料和模具
包饺子	操作性与实用性都非常强	手眼协调能力的培养具有阶段代表性	在操作过程中体验了亲自动手烹饪美食的乐趣	鼓励幼儿下次自己尝试和面
手擀面	操作性强,源于中国传统美食	材料操作有助于锻炼幼儿手部肌肉的控制能力	能够坚持完成较复杂的手擀面的制作,兴趣浓厚	鼓励幼儿自己动手尝试煮面条
……				

第二节 生活区幼儿活动评析方法

我们在《幼儿园区域活动——环境创设与活动设计方法》一书中指出："幼儿及区域中的材料是区域活动的关键要素,幼儿通过与材料的互动获得个性化的发展。只有通过对幼儿进行评价,才能了解区域活动是否促进了他们各方面的发展。"因此,教师只有把握观察要点,对幼儿的活动进行实时观察,才能正确地获取相应的信息,了解其基本动作能力、自我服务能力、照顾环境能力、生活礼仪技能的发展水平,从而更加客观地评价幼儿的生活区活动开展情况,并做出更为正确、精准的评价,为个性不同、发展水平不一的幼儿制定出个性化的学习方案,并为其提供适宜的生活区材料,为进一步发展其他能力奠定良好的基础。

一、生活区幼儿活动评析方法

教师需要通过观察幼儿在生活区所表现出来的各种状态,获取幼儿发展中的各种信息。在观察、评价、支持三者的关系中,如果说评价是支持的前提,那么观察就是评价的基础,《纲要》中明确指出,对幼儿的发展状况进行评价时,要注意"全面了解幼儿的发展状况,防止片面性,尤其要避免只重知识和技能,忽略情感、社会性和实际能力的倾向"。因此,我们从幼儿的综合层面进行观察,基于《纲要》的精神及多年的实践,根据情感、态度、能力、知识"这四个项目设计了生活区幼儿活动评析表。这些项目都有相应的评价要点,每一个评价要点都会根据大、中、小班幼儿的年龄特点、不同能力及发展水平,设计出不一样的评价维度。教师以这些评价维度为依据,根据幼儿在活动中的具体表现进行记录,最后给出评价分值,通过各方

面的综合考量得出等级，详细内容见表 4-5、表 4-6、表 4-7。

（一）情感方面

幼儿情感方面的评价主要从生活区的环境认可度、参与活动的兴趣、对待教师和同伴的态度三个方面进行。教师为幼儿创设了生活区，评价生活区的环境是否受到幼儿的喜爱、得到他们的认可，教师应该观察幼儿是否对生活区环境表现得很喜欢，是否经常主动选择进入生活区进行个别化学习。在评价参与活动的兴趣方面，教师应该观察幼儿是否乐于参与生活区的各种活动，是否积极主动地选择区域材料，是否表现出对生活区某一类型的材料情有独钟，在整个探究过程中是否能够做到心情愉悦、做事专注、表现自信等。在评价对待教师和同伴的态度时，教师应观察幼儿是否对教师有极强的信任感和亲切感，当幼儿在操作中遇到困难时，能否做到第一时间向教师请教，主动寻求帮助；在生活区活动中与同伴相处时，能否做到愿意与同伴合作完成一份材料的操作，主动邀请同伴分享自己的美食，大胆地在同伴面前讲述自己的探究过程及所获经验等。从以上的描述中可以看出，幼儿对生活区的情感，不仅包含幼儿对环境、材料的情感，更为重要的是幼儿对待教师和同伴的情感。

（二）态度方面

这里的"态度"，指的是幼儿对活动及其活动情境所表现出的一种较为稳定的心理倾向。它通常可以从幼儿对待学习的注意状况、意志状态等方面加以判定和说明。评价幼儿在生活区的态度通常聚焦于幼儿在活动中的规则意识、专注力、意志力、坚持性及克服困难的能力等多方面内容。基于幼儿的年龄特点，教师在评价过程中的侧重点也略有不同。如：小班幼儿刚入园，以培养良好的进区常规为重点，在态度方面的评价侧重于规则意识方面的要求，包括幼儿是否能够很好地遵守生活区活动规则、了解生活区的安全要求、是否能够在活动中表现出较强的自律能力等。中班幼儿已经形成良好的区域活动规则意识，但是中班幼儿缺乏自控力和专注力，教师的评价重点就应该放在这两个方面：一方面，重点关注幼儿与材料的互动情况，观察其是否能够自始至终地完成一份材料的操作，而不是遇到困难就直接放弃操作；另一方面，关注周围的环境对幼儿的影响，观察其是否能够做到不受周围环境的影响而专注于自己选择的活动。大班幼儿有个性、会思考，敢挑战有难度的活动，教师应该重点评价他们的意志力与合作行为，当幼儿遇到有挑战性的材料时，观察他们是否有勇气挑战困难，并且主动借助于外力、邀请同伴共同想办法解决问题、战胜困难等。教师在观察的过程中，根据各年龄段的侧重点进行评价，能够做到真实有效地反映班级幼儿的发展情况，在后续的活动中有针对性地对幼儿进行指导。

（三）能力方面

幼儿在教师为其创设好的生活区环境中，与蕴含不同教育目标的材料进行互动，掌握了基本的生活技能，学会了照顾自己，在生活自理能力、社会交往能力、动手操作能力、问题解决能力及观察事物的能力等方面获得了提升。评价幼儿的上述能力是否真正得到了发展，教师应该观察幼儿在生活区的各种表现，详细记录后加以分析，从而评价幼儿各方面能力发展的高低，制定出相应的方案，让幼儿的能力优势更优，弱势变强。在大班生活区，教师为了配合幼小衔接的开展，在生活区投放的材料以食品制作类材料为主，幼儿在活动过程中，不仅需要做到操作过程条理清楚，还应该保持不急不躁、耐心细致的良好状态。如，大班幼儿在制作寿司拼盘时，需要按照一个个的步骤完成：从搅拌米饭，铺好竹帘和紫菜，在紫菜上铺满米饭，加切好的火腿肠，到卷动竹帘，把做好的长寿司切块，摆寿司拼盘。教师应该根据幼儿的整个操作过程评价他们的动手操作能力、做事情的条理性、遇到困难时的自我挑战能力和解决问题的能力等，及时获取幼儿各种能力发展的有效信息，并制定出相应的指导方案，以便更好地促进幼儿各方面能力的提高。

（四）知识方面

这主要从三个方面进行：

首先，评价幼儿对生活区知识的系统性掌握程度。比如，在小班生活区的基本动作练习中，教师设计了练习捞、投、扎、扣、倒、扫、夹等基本动作的操作材料。通过这些材料的系统练习，帮助幼儿掌握常见生活用品的使用方法，让幼儿在操作中提高手指的灵活性和手眼协调能力，使精细动作得到进一步发展，并从中获得相关知识经验。

其次，评价幼儿对区域知识复杂性的把握程度。在每一个年龄段的生活区，教师都会根据班级幼儿的发展水平投放不同层次的材料。有的材料操作起来相对简单，有的材料需要比较复杂的程序才能完成操作，在活动的过程中，教师观察幼儿选择材料的类型、难易程度、操作时间与活动效果，以评价其对区域知识复杂性的把握程度。

最后，评价幼儿能否更好地迁移生活区的经验。在幼儿园里，每个区域之间的知识是相互渗透、互相关联的。教师在评价的过程中，应该注意观察幼儿能否将在生活区获得的知识迁移到其他区域的学习中。比如，幼儿在小班生活区完成了"扎"的基本工作练习后，在语言区"扎笔画"、文化区"扎地图小书"等的操作过程中，将在生活区获得的经验进行了很好的迁移，做到了各种经验的融会贯通。

第四章 生活区活动评价

表 4-5 小班幼儿生活区活动评析表

幼儿姓名： 　　　性别：男　女　　　所在班级：小_____班
所在区域： 　　　材料名称： 　　　操作时间：
指导教师： 　　　评议者： 　　　日期：

要点项目	评价项目要点	评价分值	
		参考最高分值	评价实际分值
情感（30）	1. 能在教师引导下选择生活区材料	10	
	2. 能与同伴友好相处	10	
	3. 需要时能接受教师的帮助	10	
态度（20）	1. 能在教师引导下专注地完成生活区材料探索	10	
	2. 能在教师鼓励下克服困难完成材料探索	10	
能力（30）	1. 能自主选择自己喜欢的生活区材料	15	
	2. 能在教师引导下有始有终地完成生活区材料探索	15	
知识（20）	1. 了解基本生活技能的用途	10	
	2. 丰富相关生活知识与经验	10	
各分项目得分	情感	态度	能力	知识	总分
综合评价	优秀（85—100分）	良好（75—84分）	合格（60—74分）	不合格（60分以下）
等级水平				
分析评价结果				
教育策略的调整与改进				

表 4-6　中班幼儿生活区活动评析表

幼儿姓名：　　　　　　性别：男　女　　　　所在班级：中　　　班
所在区域：　　　　　　材料名称：　　　　　　操作时间：
指导教师：　　　　　　评议者：　　　　　　　日期：

要点项目	评价项目要点	评价分值	
		参考最高分值	评价实际分值
情感（30）	1. 能自主选择生活区材料	10	
	2. 在教师引导下合作完成生活区材料探索	10	
	3. 需要时能主动寻求教师的帮助	10	
态度（20）	1. 能在材料引导下专注地完成生活区材料探索	10	
	2. 能借助于同伴、教师的力量克服困难，完成生活区材料探索	10	
能力（30）	1. 能有条理地完成生活区材料探索	15	
	2. 能挑战有难度的生活区材料	15	
知识（20）	1. 能将生活经验运用于生活中	10	
	2. 基本掌握中班生活区知识并获得相关经验	10	
各分项目得分	情感	态度	能力	知识	总分
综合评价	优秀（85—100分）	良好（75—84分）	合格（60—74分）	不合格（60分以下）
等级水平				
分析评价结果				
教育策略的调整与改进				

第四章 生活区活动评价

表 4-7 大班幼儿生活区活动评析表

幼儿姓名：　　　　　　性别：男　女　　　所在班级：大　　　班
所在区域：　　　　　　材料名称：　　　　　操作时间：
指导教师：　　　　　　评议者：　　　　　　日期：

项目 \ 要点	评价项目要点	评价分值	
		参考最高分值	评价实际分值
情感（30）	1. 能根据自己的发展需要选择适宜的材料	10	
	2. 自发与同伴合作探索生活区材料	10	
	3. 主动邀请教师合作探索生活区材料	10	
态度（20）	1. 不受环境干扰，独立完成生活区材料探索	10	
	2. 能想办法克服困难，完成生活区材料探索	10	
能力（30）	1. 主动探索并完成有多重任务而步骤复杂的生活区材料的操作	15	
	2. 能根据自身需要均衡地选择生活区材料	15	
知识（20）	1. 能主动将生活知识进行归纳与迁移	10	
	2. 能熟练运用大班生活区知识与经验	10	
各分项目得分	情感	态度	能力	知识	总分
综合评价	优秀（85—100分）	良好（75—84分）	合格（60—74分）	不合格（60分以下）
等级水平					
分析评价结果					
教育策略的调整与改进					

二、基于大、中、小班幼儿评价内容的分析

从以上三个年龄段的幼儿活动评析表中可以看出，虽然评析表都是根据情感、态度、能力、知识四个项目进行评估，但是在每一个项目中，针对不同年龄段的幼儿，教师评价的要点是不同的，每个年龄段的评价要点要能够充分体现出本年龄段幼儿的学习特点、学习内容及不同的教育目标。例如：在知识方面，小班幼儿刚入园，为了尽快提高他们的基本生活技能和自我服务能力，在制定知识方面的评价要点时，教师只提出了"了解基本生活技能的用途和丰富相关生活知识与经验"的基本要求；而中班的幼儿，基本具备了自我服务能力，动手操作能力也有了明显的提高，教师的评价标准也随之提高，在"基本掌握中班生活区知识并获得相关经验"的基础上，提出了"能将生活经验运用于生活中"的要求；当大班幼儿的生活经验、基本技能、自我服务能力达到一定的水平时，教师为其提出了更高的要求，要求幼儿不仅达到"能主动将生活知识进行归纳与迁移"的目标，还要做到"能熟练运用大班生活区知识与经验"。这种分层、分阶段、标准各异的评价要点的制定，使教师的记录与评价能够很好地反映幼儿在生活区活动中的一种真实状态，同时也成为教师了解、分析幼儿发展的依据，为生活区材料的后续调整和投放提供了强有力的指标支撑。下面将展示一份填写完整的中班幼儿生活区活动评析表（见表4-8）供大家参考。

第四章 生活区活动评价

表 4-8 中班小雅生活区活动评析表

幼儿姓名：小雅　　　　　性别：男　女√　　　　所在班级：中二班
所在区域：生活区　　　　材料名称：给娃娃洗澡　　操作时间：25 分钟
指导教师：姜老师　　　　评议者：姜老师　　　　　日期：2017 年 10 月 17 日

项目 要点	评价项目要点	评价分值	
		参考最高分值	评价实际分值
情感（30）	1. 能自主选择生活区材料	10	10
	2. 在教师引导下合作完成生活区材料探索	10	9
	3. 需要时能主动寻求教师的帮助	10	8
态度（20）	1. 能在材料引导下专注地完成生活区材料探索	10	9
	2. 能借助于同伴、教师的力量克服困难，完成生活区材料探索	10	7
能力（30）	1. 能有条理地完成生活区材料探索	15	14
	2. 能挑战有难度的生活区材料	15	12
知识（20）	1. 能将生活经验运用于生活中	10	10
	2. 基本掌握中班生活区知识并获得相关经验	10	10
各分项目得分	情感	态度	能力	知识	总分
	27	16	26	20	89
综合评价	优秀（85—100 分）	良好（75—84 分）	合格（60—74 分）	不合格（60 分以下）
等级水平		√		

续表

分析评价结果	小雅这次在生活区选择的是一份"给娃娃洗澡"的材料。这份材料包括仿真的塑胶娃娃、袖珍小澡盆、卡通毛巾、沐浴露、小围裙和小袖套等，同时教师创设了一个真实的情境，让幼儿操作材料，因此长期以来这份材料都很受幼儿喜爱。综观小雅在活动中的具体表现，教师做出了以下记录：小雅的家里有一个小弟弟，她有很强的照顾他人的愿望，因此在操作这份材料的过程中表现出很高的热情和强烈的学习愿望，能够做到在教师的引导下，在单次区域活动时间内完成任务，综合评价等级为"优秀"。虽然整体评价优秀，但是她在操作过程中也出现了以下问题：在用小澡盆接水时，出现了因盛水过满导致娃娃放进去后水溢出来的现象，当时，小雅表现得不知所措，想不出更好的办法来解决这个问题，也没有及时向老师和同伴求助，出现了短时间内一度停止操作的情况。教师发现后，及时给予帮助，引导她注意观察澡盆里蓝色的刻度线，鼓励她重新接水并按照刻度线的指引控制好水量。在教师的引导下，小雅成功地解决了水溢出来的难题，操作得以顺利完成。
教育策略的调整与改进	针对小雅在活动中出现的问题，教师评价时在"需要时能主动寻求教师的帮助"和"能借助于同伴、教师的力量克服困难，完成生活区材料探索"这两个方面都予以减分，并在后续的教育策略中有针对性地制订了调整及改进的计划：首先，教师利用各种机会，在情感上加强与她的交流，让她对老师有足够的信任感，知道在遇到困难时主动寻求老师的帮助。其次，充分发挥她喜欢照顾同伴的优势，为其提供各种照顾身边的事物和同伴的机会。在她为班级服务的过程中，老师通过不断鼓励和表扬，增强了她的自信心和表现欲。最后，教师在后续的生活区活动中，提醒她注意观察材料中隐藏的各种引导标识，学会根据材料的指引有序地操作，提高其自我学习和自我纠错的能力。

参考文献

［1］霍力岩，等. 幼儿园课程开发与教师专业发展——比较研究的视角［M］. 北京：教育科学出版社，2006.

［2］王微丽，霍力岩. 支架儿童的主动学习——经历 经验 经典［M］. 北京：北京师范大学出版社，2016.

［3］王微丽. 幼儿园区域活动——环境创设与活动设计方法［M］. 北京：中国轻工业出版社，2014.

后记

自2000年起，深圳市莲花二村幼儿园与北京师范大学霍力岩教授合作，开始探索区域活动在中国发展的新思路和新模式。在课程开发初期，我们积极学习并借鉴了蒙台梭利教学法（Montessori Method）中的区域材料设计和布置方法，在推进过程中，我们不断接触到新的幼儿教育理论和课程模式，如多元智能理论（Multiple Intelligences Theory）和高宽课程（High/Scope Curriculum）等，促使我们进一步创新原有的区域活动课程及材料设计。同时，我们以教育部颁布的《幼儿园教育指导纲要（试行）》和《3—6岁儿童学习与发展指南》作为主要参考文献，从中解构梳理出系统的课程目标体系，从而指导区域材料的设计、完善与本土化。通过长达十多年的反复摸索，我们不断进行调整、提升、融合，最终建构出了一套卓越的、适合中国的幼儿个别化区域学习课程。

在霍力岩教授的带领下，深圳市莲花二村幼儿园已经陆续出版了《幼儿园多元智能做中学综合主题课程（教师用书）》《幼儿园区域活动——环境创设与活动设计方法》和《支架儿童的主动学习——经历 经验 经典》等课程资源。2014年出版的专著《幼儿园区域活动——环境创设与活动设计方法》，已成为一线幼儿园教师的重要工具书之一，市场反响非常热烈，不断有来园参访、交流、学习的专家、学者及同行提出，希望看到更为详细、更有实践指导价值的有关区域材料体系的书籍。基于对我园课程进行持续深入的总结之需，以及外界同行的强烈要求，我们对园内十几年积累的素材进行了整理、提升，这些区域材料的精华就是本书中大量鲜活素材的原型。而本书集中展现的是区域材料体系中的生活区材料体系,通过解读生活区、生活区材料案例、生活区中教师对幼儿的支持、生活区活动评价等四个方面,全面地呈现了幼儿园生活区材料制作与投放,活动中教师的指导策略,以及活动后的评价与反思。此书的出版能为一线幼儿教师在创设生活区环境、科学地开展生活区域活动方面提供参考和借鉴,对幼儿园开展区域活动具有重要的指导作用。

  在本书撰写的过程中,王微丽、何红漫、刘隼进行了框架的搭建与完善;在建构框架的基础上,王微丽、章誉、何红漫、刘隼完成了第一章、第三章、第四章文字的撰写;杨松青作为主要案例负责人统筹安排,姜岩、曾立群等教师配合,收集、整理第二章中的案例,并由杨松青完成有关自我服务方面案例的写作,姜岩完成有关食品制作方面案例的写作,曾立群完成有关基本动作方面案例的写作。何红漫、刘隼对全书进行了修改与完善;最终的定稿工作由何红漫、刘隼两位教师共同完成。本书的撰写与出版凝聚了很多人的心血、关心与帮助,有北京师范大学霍力岩教授的亲临指导,有"万千教育"吴红主任的全程指引,有深圳市实验幼教集团有限公司林瑛熙、吕颖、黄立志、韩智等领导的理解支持,有香港大学教育学院杨伟鹏博士对课程的梳理,有深圳市莲花二村幼儿园全体教职工的默默付出。他们无私的奉献使本书得以完成,在此一并表示感谢!在写作过程中,我们尽了最大的努力,但由于水平所限,本书必定存在不足之处,恳请各位读者批评指正。

深圳市莲花二村幼儿园

何红漫 刘隼

2017 年 12 月 28 日

"幼儿园区域活动材料丛书"
（全彩）

王微丽　霍力岩　主编

《幼儿园区域活动（第二版）》　　定价：78.00元
《幼儿园语言区材料设计与评价》　定价：60.00元
《幼儿园数学区材料设计与评价》　定价：60.00元
《幼儿园生活区材料设计与评价》　定价：60.00元
《幼儿园科学区材料设计与评价》　定价：60.00元
《幼儿园社会区材料设计与评价》　定价：60.00元
《幼儿园艺术区材料设计与评价》　定价：60.00元

以丛书为代表性成果的研究荣获"广东省教育教学成果（基础教育类）一等奖"

"幼儿园区域活动材料丛书"与《幼儿园区域活动——环境创设与活动设计方法》相得益彰，全面地展示了幼儿园区域环境创设、材料设计与投放、活动开展与评价的方法……

《以游戏为中心的幼儿园课程》

［美］Judith Van Hoorn 等 著
史明洁 等 译
定价：82.00元

美国幼儿游戏研究领域的先驱者，手把手教你如何把游戏故事、游戏理论和幼儿园五大领域课程完美地结合起来。

《幼儿园自主游戏观察与记录——从游戏故事中发现儿童》（全彩）

董旭花 等 著
定价：58.00元

我国著名幼教专家董旭花老师在这本书中告诉我们——"儿童是有能力、有自信的学习者和沟通者"。

《幼儿园户外环境创设与活动指导》（全彩）

董旭花 等 著
定价：72.00元

国内第一本从理论到实践，系统阐述幼儿园户外环境创设的图书。

《幼儿教育课程》（第四版）

［美］K. E. Catron 等 著　李敏谊 等 译
定价：82.00元

我们不应该把课程看作一个包装好的产品，而应该把它看作一个动态的和发展的过程。

专业图书，陪伴您的专业成长。扫一扫下方二维码，更多优质图书等着您！

万千教育微信公众号

官方微店